FUCK ME
KILL ME

FUCK ME KILL ME

MARINA OTERO

Ediciones La uÑa RoTa
Colección Libros Robados

Fuck me / Kill me

Primera edición: junio de 2024

© 2024, Marina Otero

Fotografía y tipografía de cubierta: Marina Otero

Maquetación: Arcadio Mardomingo

© 2024, de la presente edición:
Ediciones La uÑa RoTa, S. L.
Apartado de correos 380
40080 Segovia
ediciones@larota.es
www.larota.es

ISBN: 978-84-18782-51-0
Depósito legal: SG 104-2024

Impresión: Villena Artes Gráficas
Printed in Spain – Impreso en España

ÍNDICE

Dedicado a todos mis Pablos

DESDE BUENOS AIRES
(22 DE SEPTIEMBRE DE 1984)
A MADRID
(18 DE JUNIO DE 2024)

Todavía no entiendo cómo llegué hasta acá, a hacer mi primera publicación con estas obras que están construidas de patetismo, de los sentimientos que oculto por vergüenza y malestar, por sentirme una oveja más del rebaño, por los intereses estúpidos en los que gasto energía. Está hecha con los pensamientos que me aniquilan día a día y que me hacen sentir una idiota. Son pocos los instantes de luz y no sé por qué la cuenta de Endesa me llega tan cara. El resto de los días soy de la gente que sobra, que no consume en cantidades ni se muere. Soy como una suicida que vive suicidada. Soy del estúpido medio que el mundo quisiera devolverle a Dios.

Todos estos textos son un conjunto de frases robadas y otras vomitadas. Copio frases en cuadernos, después me olvido quién las dijo y pienso que son mías.

Escribo porque siento la frustración de no ser importante para mí. Trabajo con ansia de querer serlo. Escribo con las llagas y con el deseo de curarlas. El día que me cure por completo dejaré de escribir, de hablar y de golpearme contra el piso pidiendo a gritos que alguien me salve, pidiendo a golpes aceptarme.

El dolor que traigo desde la panza de mi madre me acompañará hasta la muerte, así que estoy tranquila, aunque esté viviendo en Europa o en un hotel cinco estrellas voy a seguir pataleando.

Todo esto no es obra, sino residuos de mí misma. Vine hasta acá con mis residuos,

Hoy es el día en que se termina de imprimir este libro (18 de junio de 2024). Esta noche estrenaré *Kill me* en Madrid.

Pido que hoy el monstruo haga de su ego un sacrificio y grite una vez más. Pareciera que el mundo real es ficción y la ficción una remota posibilidad de encontrarse. Acá estoy, siempre sola, siempre rota y ni publicada en La uÑa RoTa tengo respuesta.

FUCK ME

Escrita entre el 2015 y 2019.

MARINA:

Buenas noches. Mi nombre es Marina Otero, soy la directora de este trabajo, pero esencialmente soy bailarina. Antes de empezar me gustaría contarles que recién salgo de un quirófano y todavía no sé bien cómo estoy acá hoy. Para mí el teatro siempre fue más importante que mi vida, hasta que empecé esta obra, que inicia junto con el dolor y termina con una operación de columna. Hice casi todo el proceso desde una cama, me grababa audios de voz porque no podía sentarme a escribir. Tampoco pude aprenderme los textos de memoria, por eso ahora los escucho por estos auriculares mientras los digo. Iba de la cama al ensayo y del ensayo a la clínica. Le puse *Fuck me* porque durante este proceso nunca cogí.

Con ustedes, Marina Otero.

PABLO 4:

Yo soy latina, soy argentina
La sudakita, la mas putita
La que te excita, mientras vomita
Te bailo en tanga, si lo amerita
Yo soy grasita, una trolita
Soy tu minita, si pones guita
Yo soy Marina
la mas gauchita.

Fuck me, in this life
Fuck me, in this life
Fuck me, in this life
Fuck me, in this life

Yo soy latina, soy argentina
Soy tu gatita, una perrita
Una bailarina, una muñequita
Yo soy buenita, soy tu nenita
Juga conmigo, te hago fiestita
toda la noche, soy baratita
Yo soy Marina, la más gauchita.

Fuck me, fuck me, fuck me
in this life
Fuck me, fuck me, fuck me
in this life
Fuck me, fuck me, fuck me
in this life.

MARINA:

Algunos de estos videos son coreografías de festivales de
danza y otras son coreografías que bailaba con mis primas los
domingos en la casa de mis abuelos. Nos encerrábamos a pre-
pararlas y después se las mostrábamos a los adultos mientras
ellos tomaban café y fumaban. Así es como empecé: armando
el show en cualquier lado. Y ahora sigo haciendo lo mismo.
Antes lo hacía para mi familia, ahora lo hago para ustedes.

Esta obra es la tercera parte de una trilogía, que empieza con *Andrea,* mi primera obra.

Y a su vez, es parte de un proyecto eterno en el que yo soy mi propio objeto de investigación: más que nada porque me gusta que se hable de mí Y si no hablo yo, ¿quién va hablar? ¿Quién va a ponerle el cuerpo a mi causa narcisista sin ver un mango? ¿Qué cuerpo se va a comprometer a contar mi vida hasta la muerte? Solo el mío.

Y además, hijos no pienso tener. Mi obra es lo único que voy a dejar en este mundo. Una retrospectiva para no morir olvidada.

Esa es mi primera obra, *Andrea.* Tenía 28 años cuando la hice. El personaje estaba inspirado en la historia real de una prostituta que había sido asesinada. Si bien era conocida entre sus clientes como Andrea, nunca se supo su nombre o apellido real.

«Andrea» fue el nombre que ella había elegido para protegerse. El mismo que yo usé para exponerme. Contando su historia yo encontré una forma de hablar de mí. Su historia resguardó la mía y su nombre fue el título de la obra.

La segunda parte de la trilogía se llama *Recordar 30 años para vivir 65 minutos.* La hice, por supuesto, a mis 30 años. En esa sí hablaba de mí directamente con nombre y apellido y también de *Andrea* (la obra anterior).

Y ahora 6 años después de esa última obra, recibo una invitación a participar en el festival Latinoamérica en Bruselas y se me ocurre que es buen momento para retomar mi asunto pendiente con esta trilogía.

Y lo primero que se me ocurre es un proyecto pendiente que es un diario de viaje que escribí en 2015. Se titulaba *Hotel militar: los recovecos de mi ausencia.*

Ese verano había viajado a Córdoba a un hotel militar para investigar sobre mi abuelo, José Francisco Otero. Era suboficial mayor y trabajó en el servicio de inteligencia de la Marina durante la dictadura cívico militar en Argentina. A mí me pusieron Marina por él. Sí, mi nombre es un ancla que cargo.

«Hay secretos que se guardan hasta la tumba», decía. Yo no sabía exactamente a qué secretos se refería, pero viniendo de una persona con su currículum la frase era por lo menos inquietante. Entendí el peso de esas palabras años después, cuando mi abuela, la ex de él, estaba en sus últimos meses de vida por un cáncer terminal. Ella nos pagó el pasaje para que fuéramos a despedirla y reservó varios cuartos en un hotel militar en Córdoba. Yo acepté la invitación con el único objetivo de averiguar algo sobre los secretos de mi abuelo. En lo que duró mi estadía manipulé y hostigué con preguntas a mi abuela moribunda para sacarle algo, pero ella falleció a los pocos días. Registré todo con una cámara de video. Incluso el momento final en el que mi abuela se llevaba a la tumba todos los secretos.

La información recopilada quedó en un disco rígido con 120 gigabytes de documentos y videos porno-depresivos de un hotel militar cayéndose a pedazos.

Y además me quedé con el traje militar de mi abuelo. ¿Pablo?

Que es ese.

Pablo, ¿ponés alguno de esos videos?

Ese no. No, ese tampoco. Poné el de mi abuela muerta ¡Uh, es un montón! Sacalo. Dejá ese.

Esto fue una tarde en el hotel, me filmé caminando sobre los diplomas de mi abuelo en un parque de hojas secas y pinchos que me hicieron sangrar los pies. En su momento me pareció una buena idea, ahora la verdad que no.

El asunto es que apenas empiezo a trabajar en el proyecto de mi abuelo me quedo dura, sin poder caminar, por tres hernias de disco.

Como con ese diagnóstico mi movilidad se vuelve muy limitada decido convocar a seis intérpretes para poder seguir adelante con la obra. Ellos.

Les puse a todos el mismo nombre porque en un momento salía con tres tipos que se llamaban igual, todos Pablo. Preséntense.

PABLOS:

Yo soy Pablo 1, el más chico, y tengo la habilidad de hacer todo lo que Marina ya no puede. Por ejemplo, puedo hacer esto.

Yo soy Pablo 3, soy chamán y bailarín de Maranhão, Brasil. Ella me dijo que era exótico.

Yo soy Pablo 4. I can speak five languages. Ich kann fünf Sprachen sprechen. Je parle cinq langues. Io parlo cinque lingue. Pamp shii kastna jaa.

Yo soy el reemplazo de Pablo 5, que tuvo que quedarse en Italia haciendo los papeles de la ciudadanía, y que a su vez reemplaza al 2 que se fue de la obra por tener problemas con el desnudo.

Yo soy Pablo 6, el más grande, y no tengo casi ningún problema con el desnudo.

Todos los Pablos al mismo tiempo:

Somos actores y bailarines condenados al sacrificio espiritual, como los monjes… de Córdoba. Somos los Pablos de clausura.

Por eso nos exponemos de esta manera sin cobrar un mango. Estamos trabajando ¡gratis para usted!

Postergamos nuestros sueños y dejamos comodidades básicas de lado para asumir el voto de la entrega y la resistencia.

Esta obra es para sanarla, con el sudor de nuestros cuerpos desintoxicaremos su alma.

Vamos a matar al dolor y dar a luz a la anestesia total. No nos moriremos. Resucitaremos como Jesús. Seremos Pablos y Marinos. No tendremos un dios, tendremos… muchas diosas.

Ellas nos iluminarán como hombres fuertes y frágiles. Nuestra fragilidad será nuestra potencia. Nuestra potencia será la entrega. Estamos dispuestos. Estamos dispuestos. Estamos dispuestos.

MARINA:

Listo. Gracias

Apenas empezamos los ensayos mi espalda mejora y decido sumarme a las coreografías que veníamos montando.

A los días interrumpo los ensayos por un viaje a Aviñón donde empeora la lesión de la espalda y, para cuando vuelvo a Buenos Aires, ya directamente no puedo caminar. Los meses siguientes continúo creando la obra desde la cama, me internan cuatro veces, suspendo el viaje a Bruselas y decido que uno de los bailarines me reemplace en las escenas físicas.

¿Dónde está? Él, Pablo 1. Y bueno… Acá estamos.

En todo este proceso me persigue una solo pregunta: ¿cuál es el ancla que tengo que desenterrar?

Lo que van a ver ahora es un último intento, mi obstinación por continuar trabajando sobre un proyecto en el que mi cuerpo no se quiso involucrar.

Y esta es la escena en la que me moví por última vez.

Pantalla negra

PABLO 3:

Yo soy Pablo 3, el brasilero, el que la directora le tiene ganas.
Y varios de acá también. Mucha gente me dice que tiene sueños eróticos conmigo. No saben que de chiquito yo era medio
deforme, usaba anteojos culo de botella porque tenía miopía,
el grado más alto, que es siete. Miraba la tele a un centímetro
de distancia, hasta que mi madre me llevó al oculista. Muchos
años me sentí deforme, por eso empecé a entrenar... para
empoderarme. A la gente linda le va mejor en la vida. Yo quería que gusten de mí, que me quieran, porque yo no me quería así, no podía verme si los demás no me miraban. Entonces
empecé a hacer pesas. Ahora mi seguridad es directamente pro-
porcional a mi masa muscular. Y, además, todos esos años de
padecimiento me dieron humildad. Aunque sea el más musculoso y masculino de los seis también soy el más sensible, junto
con él. El chiquito, 20 años tiene. Los dos lloramos cuando
escuchamos el tema «Iluminada y eterna». Mi padre es militar
y mi madre estuvo presa. Por eso algo de todo esto... me pega.
Y una de las cosas que me pone nervioso es cuando hacemos la
escena de los uniformes, una que ya no está lamentablemente,
porque a mí me gustaba. En su reemplazo puso esta escena de
los metrónomos que para mí no tiene nada que ver.

Ninguno de ellos vivió con un militar. Yo sí. Cuando se lo dije
nadie me dio bola. Los militares no miran los botones cuando
se visten. Hacen sin mirar. Mientras ejecutan una acción su
mirada se proyecta hacia el futuro, siempre lejos, siempre en
otro lado. Y así fue mi padre siempre. Mis ojos como dos

botones, yo miope a un centímetro de él para poder mirarlo y él con la mirada en el fin. Yo tengo una historia, pero acá mi historia no cuenta. La verdad es que a veces siento que soy un objeto sexual para los demás. Acá y en otros elencos donde hay muchos gais, me cargan, me hacen chistes todo el tiempo. Además, la obra empieza conmigo, lo primero que ven es mi culo. Mucha deconstrucción, pero al final si tenés un buen lomo vas primero. Marina me lo dijo el día que estábamos marcando esa escena, vos primero porque sos el más chongo. Ya estoy cansado de ser el potro, el chongo, el musculoso, el adonis, el brasilero, el papu…

Pero acá no importa todo esto que siento, acá importa lo que haga. Yo soy una máquina que ejecuta. Más musculatura y más musculatura y más resistencia. Esta es mi tarea. Ser intérprete de esta obra.

Marina:

Ahora venía una escena en la que contaba cómo me cogía a un montón de chabones en un vuelo de París a Buenos Aires después del festival de Aviñón. Y brindaba con la leche de Shakespeare, de Chéjov, de Ibsen, de Molière, de Sófocles y de todos los grandes chongos del teatro universal. Y terminaba muy arriba, reempoderada. Pero la tuve que sacar porque no me daba hacerme la guerrera. Así que vamos a seguir con la próxima.

La escena que van a ver ahora la hice para *Andrea* en el 2012 y la repetí también en *Recordar*, la segunda obra. A mí ya no me gusta, me parece vieja, la música horrible, pero la revi-

sito porque tiene que ver con todo. Con este megáfono decía
el texto que van a escuchar ahora y después hacía una voz
gutural como de ultratumba y me tiraba contra el piso una
y otra vez. Con cada golpe me fui rompiendo cada anillo de
la columna. Ahora ya no la puedo bailar, así que ellos la van
a bailar por mí.

Tengo el cráneo en las tibias, manchas en la piel, una pierna
más corta que la otra, las vértebras sin aire, el hígado transpi-
rado, las clavículas asfixiadas, el diafragma disperso, los vasos
sanguíneos endebles, la vena cefálica alterada, la esplénica
sometida, el alveolo confundido, la glándula timo culpógena,
el entrecejo estresado, el pectíneo paranoico, el hueso temporal
ansioso, el cerebelo sumiso, la nuez obscena, el páncreas ermi-
taño, el oído taciturno, el monte de Venus en otro planeta, el
ano autodestructivo, el hueso parietal desorganizado, el occipi-
tal angustiado, el glúteo menor perverso, el mayor obsesivo, el
corazón escéptico, el esfínter asesino, la aorta ausente, la apó-
fisis desesperada, el calcáneo sin peso, el vestíbulo por el piso,
el uréter sin fe, las crestas iliacas tienen ganas de llorar.

Pantalla negra.

Hace unos días estaba internada. Mientras esperaba que me
vinieran a buscar para llevarme al quirófano, me preguntaba
«¿y si algo sale mal? ¿Y si no salgo viva de ahí adentro?».

Pensaba también en todo lo que iba a tener que enfrentar si
salía viva. Se acercaba el estreno y había llegado hasta la escena
que vieron recién y no sabía cómo seguir. El médico me había
dicho que suspendiera todo, que llamara a las autoridades y
les dijera que no puedo estrenar.

Antes de entrar al quirófano, el camillero me dice: «Llegó la hora». Y me da el último empujón.

Dentro del quirófano todo es blanco, esterilizado, iluminado y eterno. Ahí sí que no hay bacterias, no hay dolor, no hay nada. Alguien me dice «Yo soy la anestesista, te voy a poner un tubo de oxígeno y te vas a quedar dormida. Todo va a salir bien». En ese momento aparece el cirujano. «¿Tenés miedo?», me pregunta. Y yo le digo que sí. Pero que no es solo miedo. Sino una sensación parecida a cuando estoy por salir a escena. Voy a intentar explicarle, pero alguien me pone el tubo de oxígeno y la anestesista empieza a contar en voz alta. 1, 2, 3, 4, 5. Chauuu.

Veo un cielo negro. O solo oscuridad. No inhalo ni exhalo, respiro en apnea, no siento dolor. No siento. ¡O sí, siento! Siento que me quiero quedar ahí para siempre. Pruebo a decirlo en voz alta pero no hay forma. Una voz habla por mí o me habla, no entiendo. Me dice «Marina, Marina, salió todo bien». Abro los ojos y creo que estoy en el quirófano, otra vez acá, otra vez en el dolor. Y no tengo fuerza de armar un show para ocultarlo. Ya no sé cómo transformar el dolor en belleza. Lo que antes me salvaba ahora me condena. Se acerca la fecha y no tengo final, ni principio, ni obra, solo tengo un compilado de obras viejas, un cigarrillo que por una ley de mierda no me dejan prender y un vestuario de diseño en el que no me hallo, mi estética es grasa, berreta.

Después de eso, me llevan a la habitación, me ponen suero y mientras me entra la morfina por las venas agarro el celular y con las pocas fuerzas que tengo grabo mi experiencia en el quirófano, este audio, lo que acaban de escuchar.

PABLO 6:

Yo soy Pablo 6, el más grande de todos. Después de los 40 años sentís el cuerpo desierto. Te parás frente al espejo y salís rápido porque si te detenés a mirarte descubrís las canas, las arrugas, las manchas en la piel y todo lo que se cae, aunque entrenes. Cualquier detalle en el que te detengas refleja el paso del tiempo. Y antes de mirarte a los ojos sentís el desierto y te preguntás cuándo fue que cruzaste ese punto donde empieza la curva descendente.

A esta edad entendés a tus padres, y como te vas despidiendo de ellos, te preguntás si querés tener hijos o no. Dudas, pero tenés que seguir trabajando para subsistir y te olvidás.

Te morís de ganas de entrar a bailar como nosotros, pero no te animás porque tenés miedo de que tu cuerpo o tu dignidad salgan heridos de muerte y volvés a sentir el desierto en el cuerpo. Mientras adentro sentís fuego y no sabes cómo sacarlo.

Cuando trabajás con el corazón lo inevitable es la desdicha. Pero al mismo tiempo el corazón se hace fuerte para poder echar de menos todo aquello que perdiste.

Te acordás de una frase que leíste en algún lado. Supones que es de Angélica Liddell y se la choreás porque no confías en vos, preferís copiar a jugártela por lo propio.

«Ojalá tuviera 20 años menos. Así podría empezar de nuevo. Así podría salir a buscar al verdadero amor». Eso lo escribió Liddell. Yo agregaría: «Podría tomarme un avión a Bélgica a buscar un amor que no tuve, que hable francés y tenga buen cuerpo. Que me mire a los ojos y me diga quiero que seas como sos».

Ojalá tuviera el valor de entrar en cualquier lado, sin sentir pudor de mi cuerpo y pedir que me cojan. Directamente. Así. ¿Cogemos?

Ojalá tuviera 20 años menos. La muerte de la juventud es irreversible. La muerte es muerte solo si es irreversible. Como el final de cada día, de cada segundo Pero cuando lo sentís en el cuerpo Ese es el verdadero descubrimiento.

Hay gente que me dice que con el tiempo voy a empezar a valorar la evolución espiritual.

No creo. Tampoco creo en lo que llaman «belleza interior». Siento que estoy envejeciendo al paso de un caballo desbocado y todavía no me siento ni cerca de entender que haya algo más valioso que la juventud y la belleza.

Supongo que cuando no tenga alternativa yo también voy a intentar salvarme diciendo «lo importante es la experiencia». Pero lo que realmente creo es que es justamente la experiencia lo que nos convierte en seres miserables y resentidos.

A veces creo que el único sentimiento que me queda es el miedo. Lo demás es una canción corta y melosa.

MARINA:

Me cago en tu montón de años y en tu puta experiencia. Prefiero que todo sea breve y brusco.

Ojalá tuviera 20 años menos para que me dé bola el bailarín brasilero. Él. *(Improvisa en el momento).*

Acá la inteligencia no cuenta Los premios no cuentan Si escribo bien o mal, si soy feliz o no. Acá cuenta lo tangible, lo evidente. Y el cuerpo es lo único evidente.

Miren cómo estoy. Quedé dura y no de merca, esto es pura tensión por el esfuerzo de querer agradar. Lo único que quiero es que me quieran, porque yo no me quiero.

Me dicen que tengo que estar tranquila, «hacé Feldenkrais. Alexander, bajá un cambio». ¿Por qué no bajas vos?

(Me traes el electrónico.)

Yo no me calmo nada, nunca me voy a calmar, solo que el cuerpo no me da.

¿¡Qué voy a poder aportar yo!? Una bailarina con el cuerpo rígido, cansado, tolerando la tragedia de vivir. ¿Qué mierda voy a hacer para resultar interesante? ¿Un biodrama? ¿Publicar un libro para que me compren de lástima los pocos amigos que me queden?

Ojalá pudiera volver el tiempo atrás para empezar de nuevo. Y recorrer todos los festivales del mundo y cogerme a los bailarines, a los programadores, a los técnicos, a ustedes, a todos.

Pero no. No lo hice. Tampoco lo estoy haciendo ahora. Ya es tarde. En este cuerpo no hay más relato, no hay más deseo, no hay más nada. Estoy seca.

Voy a ver obras y después salgo criticando todo. Me la paso hablando mal de todo el mundo. Digo que todo es viejo, copiado, esnob, vacío, que nadie se la juega por nada y que todo es una mierda. Pero en realidad, yo me siento una mierda. Un objeto viejo, gastado, incapaz de inventar algo con todo esto. Cuando sentís dolor en el cuerpo no querés coger, ya no te importan los festivales, ni las obras, ni el feminismo, ni la revolución, ni nada. Lo único que te importa es tu propio dolor.

Ya estoy perdiendo la juventud, se está yendo, se va. «Chauu». Y nunca voy a llegar a Bélgica a encontrar mi verdadero amor.

Cuando no das más, lo mejor es empezar a hacer ejercicios para no pensar, no sentir. Diseñar una rutina psicópata y repetirla cada mañana.

Y si el cuerpo no te da quédate callada, que alguien lo diga por vos. Sentate a un costado y mirá.

Ahora ellos van a hacer la coreografía final basada en todas las que bailé en mi vida.

TEXTOS EN EL TIEMPO

(2012-2022)

Nota de la editorial:

Esta parte recoge una selección de textos del diario de la autora, cuya reproducción en este libro respeta las peculiaridades ortotipográficas y errores gramaticales habituales de un diario personal escrito en cualquier momento a veces en un cuaderno, otras en un dispositivo electrónico.

1) Carta no enviada

Tiré la bicicleta en el cordón y me senté a escribirte. Llego tarde al laboratorio que estoy haciendo los viernes. Una urgencia me despertó entre la vereda y la calle. Ahora bordeo la puerta de una casa. Sigo luchando con la vida real, haciendo lo posible para inventar ficción en donde relajar el cuerpo. La mentira que encuentro más parecida a la verdad. Por eso sigo trabajando en el solo, hay mucho para hacer. Ahora buscando lugar para poner una fecha y concretar después de tanto tiempo y tantas cosas Cuando salgas de donde estas vas a poder venir a verlo.

Ya es tarde, pasé el límite de la puntualidad.

20.15 h del mismo día

Tomo un mate, abrazo a Valentín (el gato), siento la transpiración seca con Tom Waits de fondo. Entró un abejorro verde, Valentín se durmió, ya no juega. Parece que los encuentros tienen un tiempo, si lo que queda es amor se puede seguir acompañando en silencio.
Tantas ideas ¿y nosotros dónde estamos? La realidad sigue siendo un límite. Organizamos la vida, desayuno almuerzo cena, para no morir entre las sombras. Escribirte es una manera de sentir que alguien me entiende. Como si conocieras las voces que escucho mientras el mundo funciona.

Intento sentir que doy los pasos para no flotar entre los árboles. Vivo detrás de mí, adentro de un cuerpo con dos direcciones, tratando que nadie elimine mi mundo.

Voy buscando un espacio de aire entre las creaciones de los otros. Me siento muerta cuando creen que amo.

Las palabras se me acaban, no se puede explicar las voces que permanecen mientras el cuerpo acepta las formas para sobrevivir.

No quiero entender la vida. Quiero quedarme cerca.

2) Por un rato más

Buenos Aires, 24 de septiembre de 2012

Abría la heladera en la madrugada, se comía el queso entero y dejaba los platos sucios. A la mañana hacia ruidos con la boca y durante la noche roncaba como si tuviera piedras en las encías.

Cuando mirábamos una película se quedaba dormido siempre en la misma parte y así varios días volvíamos a empezarla y yo llegaba siempre al mismo nudo. Para no sentirme sola apagaba la tele y me acostaba con él.

Sentía una soledad interminable, me quedaba a su lado esperando que algún día me viera.

Por las mañanas me daba la espalda, se encerraba en sí mismo y yo lo acariciaba con cuidado para no invadir su encierro.

En sus instantes de lucidez me hablaba con cariño y jugábamos a que éramos otros para hablar del amor y de lo que nos mantenía juntos, quizás para darnos una esperanza en ese infierno al que nos habíamos acostumbrado. Esos destellos eran idilios que podían negar el resto de los días de la semana.

Yo cocinaba pensando en hacerle bien, servía la mesa y ponía los platos que más me gustaban.

El sin esperar que me sentara empezaba a comer del pote. Tardaba veinte segundos en terminar y mientras yo comía él se hacía un café. Después salía a fumar su segundo atado del día.

Al rato lavaba los platos con el humo de su cigarrillo, mientras yo pensaba ¿hasta cuándo?

Había momentos en que sentíamos algo parecido a la felicidad, o eso es lo que creíamos.

Y otra vez se encerraba en la sombra de la negatividad. Yo trataba de abrirme y le decía que lo quería, le preguntaba que le pasaba y él se quedaba en silencio.

Andábamos de la cocina al cuarto, del baño al living sin decirnos nada.

Yo hacia las cosas como si estuviera sola, pero su presencia me llenaba de tristeza. Sin que él me viera lloraba en la cocina, mientras preparaba el desayuno, sin saber si era para dos o para uno. Hacia tostadas de más que después quedaban de adorno hasta que se las comía el perro.

Se cubría con el pelo la mirada y agachaba su cabeza, yo le ofrecía cosas y él se negaba, mientras preparaba sus cuatro pastillas sobre la mesa:

Antidepresivo, antipsicótico, ansiolítico, estabilizador.

Se las tomaba, agarraba su bolso y los cigarrillos. Yo le preguntaba.

¿Vas a lo de tu vieja?

El me respondía: «No se…, por lo pronto salgo de acá», como si yo tuviera la culpa de elegir quedarme con la bestia un rato más.

~~¿Será su sombra la tristeza del esqueleto mortal que abarca la vida?~~
~~Me miré en el espejo de su rostro~~
~~Quería conocer a su familia y meterme adentro de su pasado para sentir su cuerpo y no el mío. Quería trasgredir sus espejos para convertirme en él.~~
~~De tanto amarlo me creía él. Atravesé su cuerpo pintándome la cara con su rostro.~~
No le temía a nada, más que a ser yo misma.
~~En la sombra de su espalda me miré desnuda en el espejo de su baño, su casa, su mundo, sus amigos, su búsqueda y me encontré en el espanto de su desesperación.~~
~~Tanto me olvidé de mi cuerpo que tuve un accidente en la moto.~~
~~Caí en el piso con dolor en los huesos.~~
~~El dolor me regreso al cuerpo y recode el mundo cuando no estabas.~~

3) Diario Singapur

Singapur, junio de 2016
Presentación de la obra Recordar 30 años para vivir 65 minutos

23 de junio
Día del despegue. Buenos Aires

- Pierdo 55 minutos haciendo cola en Edenor para pagar la luz vencida. El monto es de 528 pesos por un mono ambiente luminoso en Palermo, me vino el triple que el mes pasado y la boleta todavía dice: «Con subsidio del Estado Nacional» (estoy de moda con el culo roto).
- Busco el pasaporte italiano. Parece que ser blanca, flaca y europea hace que la vida sea más fácil.
- Subo al avión. Faltan 36 horas para llegar. Singapur el país del futuro. Allá es mañana.
- Llevo conmigo Flores de Bach, globulitos homeopáticos y melatonina para no tener que acceder al Rivotril.

24 de junio. Avión. Recordar 30 años para dejar el culo por las nubes durante 36 horas

- Cena en el avión, parada en San Pablo, segunda cena en el avión. Me niego a la segunda un poco por falta de hambre, otro poco para no engordar.
- Sueño que el avión se está por caer y le rezo a mi tía abuela Margarita.
- Asfixia en el asiento del medio

- Llora una nena rubia con pelo carre.
- Me niego a tomar Rivotril, prefiero odiar a la nena antes que adormecerme.
- Películas pochocleras dobladas al español.
- Ganas de pegarle a la nena.
- Desesperación y fobia.
- El cuerpo entumecido.
- Revuelto en el estómago.
- Olor a pedo.
- Ganas de matar a la niña.
- Flores de Bach.
- Ganas de tirar por la ventanita a la nena
- Flores de Bach
- Flores de Bach
- Flores
- Bach
- ¡Qué boluda! ¿Por qué no tomé Rivotril?

25 de junio. Avión y llegada a Singapur. Hotel 5 lusers

- Comida de avión, puro packaging.
- No sé si almuerzo, ceno o meriendo. Estar arriba es como estar fuera del tiempo, más que un avión parece una nave espacial.
- Tengo el cráneo en las tibias, las vértebras sin aire, las clavículas asfixiadas y el ojete en el tabique.
- Parada en Estambul. Lo doy todo por un rato de wifi.
- Llegada a Singapur.
- Estoy de jet lag (la peor resaca de mi vida después de un viaje).
- Hotel del carajo.
- Comida Japonesa.
- Saco fotos sin parar. Quiero que todos vean donde estoy.

26 de junio. Singapur. La vida es una selfi

- Me despierto a las 7 am a causa del jet lag (8 pm en Buenos Aires).
- Pileta y desayuno. Nos lastramos todo para ahorrarnos el per diem.
- Discusión por wasap con Pablo (novio).
- Comida malaya, leche de almendras, leche de rosas. Perfecto para esta etapa clean.
- Me pierdo en Singapur y no entiendo lo que me dicen. Mai inglish is sac. El lenguaje es el límite del encuentro.
- Vemos cómo la mayoría de la gente se saca selfis con el palito de la selfi, por eso vine a presentar mi obra de selfi. Soy tan patética como ellos. La vida se transforma en una vida selfi. El mundo se divide entre los selfis y los que sobran.

27 de junio. Puesta de jet lag en el primer día de la puesta

- Me despierto igual que ayer 7 am.
- Ataque terrorista en el aeropuerto de Estambul. Hace dos días podríamos haber muerto.
- El jet lag sigue en mi sangre como una apropiación de mí ser.
- Mañana en el gim (creo que las maquinas no son para mí).
- Desayunamos como ratas bulímicas como para ahorrarnos todas las comidas en Singapur y Buenos Aires.
- Primer día de la puesta: problemas con los subtítulos que afectan la programación virginiana. Mal humor.
- No estoy inspirada.
- Me cuesta dormir y disfrutar.
- Me conecto más con el wasap que conmigo, y eso que sólo tengo wifi en el hotel.

- Pienso que desde que a Moira Soto se le ocurrió esto de escribir un diario, me obliga a hacerlo. Siempre escribí cuando sentía que me estaba muriendo. Ahora escribo desde el bienestar y la banalidad.
- Cena en la pileta y a la cama.
- Singapur me hace sentir rara, no sé si es Singapur o yo misma.
- Dejaré este diario en borrador para que se vea mi patetismo.

28 de junio. Segundo día de la puesta

- Escribo antes de empezarlo. Si me pasa algo importante lo escribo después.
- Planes para hoy: 1) Hacer Yoga y pileta en el hotel. 2) Desayunar tranqui. 3) Chequear sonido y hacer el guion. 4) Comer comida india en Little India. 5) No discutir con Pablo. 6) Volver temprano y dormir.
  Mis planes son de pequeñoburguesa virga patética. Que vuelva la Marina de antes. Vivía como si fuera a morirme mañana. Ahora hago todo para poder vivir mejor en el futuro. Hice una obra con mis restos y ahora quiero mantener una entereza pretenciosa que no me deja libre. Esta es la obra que sanó al monstruo. ¿Y si era mejor dejarlo enfermo?

29 de junio. Ensayo general

- Asisten al ensayo general algunos técnicos del teatro y el director del festival Keng Sen. Todos se duermen durante la pasada.

• ¿Cómo hago para transformar el dolor en amor y después en obra? ¿Puede ser que este dolor sea una puesta en escena? ¿A quién le interesa?

Después del ensayo gastamos 25 dólares en Marina Bay Sands, es como un barco en el aire, vista desde el piso 56. Se hace de noche y se prenden las luces. Pienso si por un monoambiente se gasta 528 pesos por mes de luz ¿cuánto gastarán acá?

30 de junio. Estreno en Singapur

• Despierto con una pregunta en un sueño y la anoto: ¿cuál es el bosque para expresar mi humanidad? No sé qué quiere decir, pero la anoto.
• Gim y pileta (me estoy relajando con esto del hotel 5 estrellas para una loser estrellada).
• Estreno.
• Pablos asiáticos de manual: Pablo one (Pablo rich), Pablo two (Pablo spik in ishpanish), Pablo tree (Pablo free).
• El público encendido.
• Termina la función y vamos la fiesta de apertura. Tomamos como ratas alcohólicas.
• Firmo mis primeros autógrafos a 10 orientales.
• Los comentarios sobre la obra parecen de argentinos (dios nos cría y el teatro nos junta).
• Vamos a la casa de Pablo one, el rico. Viene también Pablo free, el que todo lo da gratis. Tomamos todo lo que nos ofrece.
• Hablo por Skype con el marido de Pablo one.
• Noche de estreno. Fiesta, muerte y amor con los Pablos asiáticos.

1 de julio. Segunda función

- Se despierta el monstruo, después me despierto yo con resaca.
- Grabo un audio con voz de ultratumba.
- Vamos al mercado a tomar jugos de verduras y sopa de pescado para desintoxicarnos.
- Duermo en mi cama 5 start (ando mejor con el inglés).
- Pablo two, el único gringo la rompe bailando un break fire.
- Se queda casi todo el público a la charla posterior a la función.
- YA HAY FANS EN SINGAPUR, algunos vienen por segunda vez.
- Al terminar se llevan casi todas las prendas de la ropa de la bolsa que dejo en el final. La obra parece una feria americana.
- Le firmo otro autógrafo a un técnico: «Recordar 30 años para volarte la peluca en 65 minutos».
- Nos sacamos selfis con algunas singapurenses.
- Me etiquetas Shaw, Wanhu, Jane Lime, Shaw En, Man Ting Ren y Ng Yi-Sheng.
- Mi autoestima mejora, pero soy consciente que cuando llegue a Buenos Aires voy caer de culo con la realidad.
- Cenamos comida india.
- Tengo muchas ganas de llorar, pero me voy a dormir antes de hacer un mar en mi almohada. No comprendo las razones.
- Me tomo una pasti de melatonina para poder dormir.
- Tengo mucho miedo a perderme otra vez.
- Tengo miedo a que se termine.
- Tengo miedo al ser humano.
- Me tengo miedo a mí misma.
- Le tengo miedo a mi miedo.
- Tengo miedo por ser tan frágil.
- I am fear.
- I´m going to slepp.

2 de julio. Tercera función

- Sueño que me como mi propia fobia. En el sueño matan una araña gigante, la cocinan y me la traen para que la coma. Me estoy por comer la carne de la araña y me despierto.
- Los chicos se van a Sentosa, una isla en Singapur. Yo me quedo escribiendo para mandar el material dentro de la fecha pautada.
- Me canso de la lista de acontecimientos, prefiero terminar en este momento sin contar lo que suceda en la última función.
- Escribo lo que siento.

Todavía no entiendo como llegué hasta acá, con esta obra que está construida de patetismo, de los sentimientos que oculto por vergüenza y malestar, por sentirme una oveja más del rebaño, por los intereses estúpidos en los que gasto energía. Está hecha con los pensamientos que me aniquilan día a día y que me hacen sentir una idiota. Son pocos los instantes de luz y no sé por qué la cuenta de Edenor me llega tan cara. El resto de los días soy de la gente que sobra, que no consume en cantidades ni se muere. Soy como una suicida que vive suicidada. Soy del estúpido medio que el mundo quisiera devolverle a Dios.

Este diario está escrito en esos días en que nada ocurre y todo permanece bajo la sombra de un edificio, ni antiguo, ni pobre, ni futurista, como esas casitas que nadie les saca una foto.

Siento la frustración de no ser importante para mí. Trabajo con ansia de querer serlo. Soy igual a todos. No valemos nada, somos las llagas de nuestros agujeros, escribo con las llagas y con el deseo de curarlas. El día que me cure por completo dejaré de escribir, de hablar y de golpearme contra el piso pidiendo a gritos que alguien me salve, pidiendo a golpes aceptarme.

Las llagas me acompañarán hasta la muerte, así que estoy tranquila, aunque esté en un hotel cinco estrellas voy a seguir pataleando.

Todo esto no es obra sino residuos de mí misma. Vine hasta acá con mis residuos, dejo la ropa para que se reinvente en la vida de alguien, me llevo los ojos achinados, las ganas de los que no fueron Pablos, las ganas de garchar de Elffie, las ganas de quedarse en tetas de Sheng, el enojo de Jua, la frustración de Kirill, la guita de Keng Sen, el champú del hotel, la enfermedad de Pablo 3 y todo el alcohol en sangre de Pablo two junto con su tristeza mezclada con la mía.

Esta noche es mi última función en Singapur. Pido que el monstruo haga de su ego un sacrificio y grite por última vez. Pareciera que el mundo real es ficción y la ficción una remota posibilidad de encontrarse. Acá estoy, siempre sola, siempre rota y ni en Singapur tengo respuesta.

4) Texto descartado de *Fuck me*

En el aire, junio de 2019

Escrito en un avión a las 21:40 en el vuelo AF229 de París a Bs. As.

Imaginemos que estamos en un avión, en el preciso momento del despegue.

Empezamos sentir la velocidad en el cuerpo, estamos a 252 km/h. Velocidad de rotación, el avión ya logra la sustentación en la masa de aire. Se acelera cada vez más, va subiendo la potencia, los motores llegan a su límite mientras el avión se despega de la tierra. Alzamos 400 pies del suelo, se retraen las aletas sustentadoras de las alas y seguimos elevándonos hasta alcanzar los 460 Km por hora. Mientras nuestros cuerpos se suspenden a 10000 pies del cemento caliente del aeropuerto de Orly París, yo estoy sentada en el asiento 41e. El destino me trajo al Pablo del 41 H, la última vez que lo vi fue hace 5 años, justo antes de viajar al hotel militar. Un cineasta soberbio que se creía superior por haber participado en un Bafici [Buenos Aires Festival Internacional de Cine Independiente]. Tres asientos y un pasillo nos separan, y nos une un viaje de retorno al mismo lugar donde vivimos, Bs. As.

Y como si no hubiera pasado el tiempo vuelvo a la adicción por los Pablos. Soy tan adicta a los hombres, como al trabajo. Cuando no puedo estar con un Pablo o trabajando me agarra un terrible miedo a la muerte.

Lo miro de reojos y siento otra vez el impulso de despegar a la par del vuelo y acercarme, aunque sea para soportar un rato su soberbia. Pero me endurezco por fuera para no tirarme en caída libre al océano tirreno o al tirano sin paracaídas.

Mientras sacudo la pierna por la ansiedad y me pega el derivado de morfina que tomo para el dolor de la hernia, en lo único que pienso es en un accidente. Caer en una isla desierta con el pablo del 41h y comernos algún cuerpo para sobrevivir. Besarnos en el medio de una playa perdida y pasar la noche más rota del mundo mientras tragamos pasta dental y nos alimentamos a base de chocolate, carne humana y whisky. Beber sangre para sobrevivir al duelo, al vacío, al hambre, al hombre, a la rutina, al control. Que nos una la fuerza de la convivencia. Algo irreversible.

El avión atraviesa los 933 kilómetros por hora, me pongo los auriculares para escuchar la playlist del ensayo, y mientras escucho el tema del comienzo de la obra, la concha y el corazón me laten al unísono.

Me saco la campera y me pongo los zapatos, me paro y avanzo hacia el pasillo, doy la vuelta y camino por el otro pasillo, lo agarro de atrás al Pablo del 41 h y lo beso, al toque le meto la mano en la pija, como si fuera la primera pija que toqué a mis 17 años, o como si fuera la última pija que tocó Andrea. Mientras pienso en ella, le meto la lengua hasta la garganta, y le pido pija hasta el esófago. Contraigo y dilato la concha al ritmo cardíaco. Sístole y diástole, iluminada y eterna, enfurecida y de morfina a 1200 Km/h. Hasta que Pablo del 41 h me saca y me dice ¿qué haces?

Trago saliva y alrededor la gente me lapida con la mirada. Siento vergüenza ajena, pero por mí.

Con su desprecio quedo congelada atrás del cuerpo caliente
que se quiebra con el envión que me acaba de estrellar.
Y como si estuviera cerca de la muerte hago un rew… La vela
derramada en la torta del primer pijama party con el disfraz
de bailarina, las manos en el piano, Chopin, las medias de
lycra rosas y el olor a resina, el humo del cigarrillo mezclado
con el meo caliente sobre mis piernas frías.

Subo el volumen hasta que Sandro me rompe los tímpanos.
El despecho me empuja a la matanza. Seré Cyntoia Brown
o no seré nada. Me alejo por el pasillo y me tiro en sima de
otro hombre, le agarro la pera como si fuera el puto amor
de mi vida y lo llevo hacia mi boca, lo beso y sin que le dé
tiempo a frenarme, lo dejo y voy a otro y sin llegar a besarlo
le meto la mano directamente por el pantalón y le saco la pija,
se la aprieto con el cinturón y se la chupo para que se le pare
más rápido. Me subo arriba y me sacudo como barrenando
la última ola del sunami congelado y en la punta del iceberg
le mojo todo el pantalón, por todos los chongos que me dieron pija sin permiso.
Voy a otro, y a otro y me meto las porongas de todo el avión
hasta la cima del cielo, me resbalo en los charcos de leche de
Shakespeare, de Chejov, de Ibsen, de Molière, de Sófocles,
Miller, Calderón de la Barca.
Y desde allá arriba literalmente, les doy concha a todos, por
la madre que nunca voy a llegar a ser.
Con cada pija me deshago de la puta curva dramática. No
hay más curva.
Soy el momento culmine del drama. Les devuelvo todo el
semen que tragué, las vidas que evité, por la puta que nunca
me animé a ser.

Pablo, no soy digna de que entres en mi casa, pero una pija tuya bastará para sanarme.

Que descienda mi alma hacia la fosa de la orquesta, donde nada se ilumina. Que descienda mi espíritu hacia el filo de una butaca donde el alma de una puta como Andrea se eleva. Oscurecida y eterna, endurecida y vencida.

Pablos míos que estaban en el cielo y ahora están frente a mí, santificado sean sus nombres.

Perdonen mis ofensas como también yo perdonaré sus ofensas para unirnos así en la tierra como en el cielo.

Yo los amaré desde ahora y para siempre, por los siglos de los siglos.

No me dejen caer en la tentación de la dependencia y líbrenme de ustedes.

Amén.

Este es mi cuerpo, este es mi espíritu. Tomad y comer todos de él.

Este es mi cuerpo, este es mi espíritu. Tomad y beber todos de él.

5) Poema con V

Buenos Aires, 2020

En VENECIA
En VIETNAM
En VICTORIA
En VILLA Adelina
En VICENTE López
En mi VIVIENDA
En la búsqueda de mi VOCACIÓN
Con campera VINTAGE
Entre VEGETACIÓN
De VIAJE
Detrás del VIDRIO
Entre VENTANAS
Sin VINO en las VENAS
Detrás de un VALLE
En pleno VIRGO
VARADA
Sin VELAS
Ni VASOS de VODKA
Hoy te VESTISTE
Con campera VINTAGE
A través del VIDRIO
Te VISTE por primera VEZ
Sin VASOS de VODKA
Ni VINO en las VENAS
Quisieras estar en un VIDEOCLIP
VALIENTE por fuera
Para pertenecer a la VANGUARDIA

Pero estás VARADA en VILLA ADELINA
VIENDO VIMEO Y VOLVER
Te sentís VACÍA
VULNERABLE
Soñas que te VAS de VIAJE a VALENCIA
VOLANDO
A la VUELTA
Te VES VIEJA
VULGAR
VENCIDA
Buscas los VERBOS
Se te acaba la VOZ
VOLVÉS a Sosa VILLADA
Te VESTÍS para no VER el VOLCÁN
Buscas el VALOR del dólar
Mientras el mundo la VACUNA
Pensás en VAN Gogh y en VALERIE Solanas
Te sentís VIKINGA
Y te VES VACA
VAS a VOMITAR
VATICINAS un VICIO
VIBRAS tu VAGINA
VES que te VARARON el cerebro y te inyectaron por las
VENAS la VIDA y la VOZ del molde
VAPORIZASTE y VANAGLORIASTE la VICTORIA de
La VERDAD
Te VAMPIRIZARON
Te VIOLARON
Y VOS callada
VISTE y dijiste
Y VÍVORAS, aunque VESTIDAS de VERDE te
VIGILARON

Por tocarle el macho del VATICANO a la VANGUARDIA
VOLVISTE al silencio
Te VALLARON adentro
Te VELARON por VÍCTIMA
Y la VACA no dijo ni mu
Sonando un VALS en VEDA
Te VENDISTE mientras te VENDABAN los ojos
Te VENDIERON y VOCIFERARON el VERSO
Del VIDEO en VIVO
De la victoria so VO
La VES VENIR
Porque VES
VAN a VENGARSE
¿VIRTUALMENTE?
VOLVES al VERSO
Tu único VINCULO VIVO
Ya VOLTEASTE a la VERDAD
VOLVES a la V DE VENGANZA
Que para VOS es la V DE VENCIDA
O de VAGA
Abriste la VALIJA
Y el VOLCAN VOLVIÓ
El VIENTO en contra de VALPARAÍSO
Tu VOCACIÓN hizo que te VIERAN
Y te VENCIÓ lo sobre VALORADO
Para VARIAR
Te volviste VEGETARIANA
Después VEGANA
VIVISTE la VIDA del VECINO en vez de la propia
Y ya no hay VACANTE
El VIRUS frenó la VELOCIDAD
Que pagaste con VISA

Y con tu VEHÍCULO de sangre
Estás VIVA de casualidad
Encontraste la VÁLVULA en la pausa
Con más VITAMINAS
Con tus VÍSCERAS a la VISTE
Te VISTE VALIOSA
Sin VÍSPERAS
Sin VICTORIA
Sin VAMPIROS
Se te VENCIERON las VACACIONES y VOS prendiste el
VIRTUAL Dj y dijiste VA.

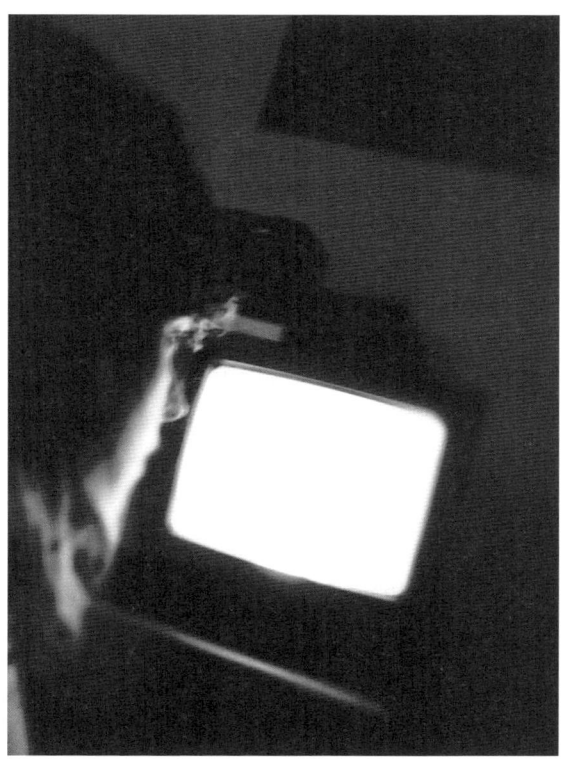

6) El amor es una cajita de preservativos donde se guardan los euros y otras cosas chiquitas que golpean adentro

Europa, 2021
Diario de viaje publicado en la revista Dramática, *del Centro Dramático Nacional*

«No traigo nada y no encontraré nada. Tengo el cansancio anticipado de cuanto no encontraré y la nostalgia que siento no es del pasado ni del futuro».
Fernando Pessoa

«Mi nombre es Marina Otero, soy la directora de este proyecto, pero esencialmente soy bailarina. Antes de empezar me gustaría contarles que recién salgo de un quirófano y todavía no sé bien cómo estoy acá hoy. Para mí el teatro siempre fue más importante que mi vida, hasta que empecé esta obra, que inicia junto con el dolor y termina con una operación de columna…».

Así empieza *Fuck me*, obra con la que en este momento me encuentro de gira por Europa. Mañana voy a cumplir 37 años y estoy en Madrid. Esta obra se estrenó en Buenos Aires unos días antes de que se decretara la emergencia sanitaria en Argentina. Hicimos solo tres funciones. Dos años después, retomamos el proyecto con el que estamos girando por Zúrich, Ginebra, Nápoles, Burdeos, Lyon, Grenoble y Cádiz. Madrid no estaba incluida, pero el Teatro La Abadía me invitó a dar un taller y a hacer una presentación para dar a conocer mi trabajo.

Hoy apenas me desperté leí un mail en el que me invitaban a publicar en la revista *Dramática* del CDN en Madrid. Me ofrecían publicar algún fragmento de mis obras o escribir un artículo reflexivo sobre lo que para mí es la «autoficción». Podía elegir entre dos posibilidades: un artículo de 1500 palabras por el que me pagarían 300 €; o uno de 3000 palabras a cambio de 450 €. En el primer caso, el valor era de 0,2 centavos de euro la palabra. Y para el segundo preferí no hacer la cuenta.

Apenas leí las primeras líneas salté de la cama. Sin desayunar, sin lavarme la cara y en pelotas empecé con este párrafo que ahora mismo estoy escribiendo. Entre papeles de resultados de antígenos, una cajita de preservativos que uso para guardar las monedas, barbijos usados y desechos de una valija que viaja sin fecha de regreso, comencé a teclear desaforadamente desde esta cueva sin ventanas donde vivo en Madrid.

Es una cueva, literalmente. Para entrar hay que bajar unas escaleras y hundirse en la oscuridad. Para ver hay que encender unos tubos de led que me hacen doler la cabeza, huele a humedad por el encierro y se escuchan gritos de las cuevas vecinas. Obviamente nada de esto aparecía en las fotos de Airbnb. En la era de Grindr, Tinder, OkCupid, todo es: la foto vende, la realidad te hunde.

Apenas llegué, quise huir, pero como buena autodestructiva que soy me terminé abrazando con la oscuridad hasta encariñarme con mi cuevita.

Acá estoy, metida en la humedad, tecleando con fuerza mientras pienso si publicar el texto de *Fuck me* o algo de esto que estoy escribiendo.

Mientras copio y pego textos de una obra que fue mi vida y hoy es representación, me pregunto: ¿desde qué lugar puedo hablar yo de autoficción?, ¿en qué género encaja lo que hago?, ¿si apenas me doy cuenta que estoy construyendo algo lo destruyo? Igual sigo escribiendo.

Nunca me animé a teorizar. ¿Para qué si ya hay quienes lo hacen muy bien? Yo solo sé choricear. Copio frases en cuadernos, después me olvido quien las dijo y pienso que son mías.

Alguien dijo «nada más autobiográfico que la imaginación». Otro dijo «si trato de rememorarme me invento». Y yo digo «si vivo la vida que invento puedo permitirme rememorar otras cosas». Por eso siempre termino con mi cuerpo al límite.

Está lleno de dramaturgos y directores formados con títulos y galardones de todo tipo que escriben con la pija. Yo pija no tengo. Escribo para soportar la entrega constante. Apenas vivo y sueño las mil y una formas de morir. Soy una suicida profesional que pretende salvarse robándole trabajo a los que trabajan en serio. Soy un oxímoron. Sin dolor no hay relato.

Pienso en lo que me voy a poner esta noche. Voy a salir a tomar unas copas con un desconocido. Alguien nos contactóporque él estaba de pasada en Madrid y según esa persona nuestros trabajos se relacionan. Quedamos en vernos en un bar llamado Des Meigas que significa «de brujas».

Pienso en lo que podría convertirse la charla después del quinto vermú (ese es mi objetivo): alguna discusión sobre ficción y documental que me ayude con este texto, alguna idea interesante para robar, algún intercambio de fluidos que me deje un buen o mal recuerdo de Madrid, o en el mejor de los casos, un enamoramiento no correspondido que me dé drama para la próxima obra. Antes de que sea tarde me visto y salgo en busca de un poco de rock.

Hace unos días gané un premio en Zúrich. De tanto hacerme la pobrecita me convertí en la heroína del dolor y me pasé al grupito de los privilegiados, el que siempre detesté por resentimiento.

En los festivales de los países ricos lavan parte de sus culpas con nuestros discursos mártires. El dolor nos hace visibles a expensas de otros invisibles.

El mercado del arte es una ciudad amurallada a la que pocos tienen acceso. Esta obra quizás sea mi gran caballo de Trola[1] con seis guerreros adentro dispuestos a combatir entre los muros del palacio de Elsinor. Un caballito de batalla en el campo del privilegio. Mientras nosotras vocalizamos y hacemos saludos al sol para salir a escena, los músculos de otros cuerpos se van tonificando por cansancio a orillas de un río sin cámaras, sin micrófonos, sin focos, sin retorno.

Pensamos que el arte salva al resto cuando en realidad todo lo que hacemos es manotear el pedazo del naufragio que alcance para mantenernos a flote.

---

1 «Trola» en lunfardo significa «puta».

En este momento estoy a 868 km de Bélgica. Hace unos días dejé atrás la cueva en Madrid para mudarme a un departamento con luz y balcón en Burdeos, Francia.

Al terminar la función de esta noche, se acercó un hombre al escenario, era el director de la Filarmónica de París, y me ofreció dirigir una ópera el año que viene.

Saludé a los chicos, me puse la ópera en los auriculares y salí rumbo al hotel. Mientras caminaba por las calles color sepia de Burdeos y sentía el sonido de las monedas de oro golpear contra la chapa de la cajita de preservativos con Purcell de fondo, pensaba en todo lo que podría comprar con esas monedas: unas Nike truchas en el bolishopping de Soldati, en las cervezas que les invitaría a mis amigos en algún bar en Buenos Aires, en las fiestas de atún que le daría a mi gato, en el último de Liddell, en… Pero en lo que más pensaba es que ahí dentro metería un amor chiquito para no sentirme tan sola. Cambio mis euros y mis pesos devaluados por una cajita donde meter cosas chiquitas que golpeen adentro de mí.

Al concluir con las casi 3000 palabras que me darán los 450 euros, me doy cuenta de que toda mi obra no ha consistido más que en una forma de buscar el regreso al territorio de la infancia para encontrarme con esa niña que fui, que callaba y se tiraba de la bicicleta porque no sabía cómo ser, estar. Pero que encontraba la calma con el viento frío de la velocidad. Y cuando no había bici, en la urgencia de armar coreografías con mis primas los domingos en la casa de mis abuelos.

7) Carta a viejas poetas

Madrid, 7 de Julio de 2022
Carta leída a artistxs argentinxs.

«Los nuevos poemas son los viejos poemas
momentáneamente olvidados».
George Steiner

En este momento me encuentro valiendo verga en Paris. «Valer verga» es una frase que se usa en México y significa estar pasándolo mal o sentirse fracasada. Empiezo con esta frase a modo de chiste porque todo no es lo que parece.

Cuando te vas de tu país empezás a incorporar frases y palabras nuevas y a la vez te aferrás a lo conocido, o a lo que tenés profundamente arraigado y que, aunque quieras desprenderte no podés.

Decidí escribirles una carta en vez de proponer una clase, porque creo que esto también es parte de la creación. Es necesario darse permisos (inclusive absurdos), tomarse licencias para confundir, para ir en contra, para cumplir deseos, para darle algo a alguien, aunque ese no pueda recibirlo. Desviarse y retomar es parte del asunto.

En esta carta quiero compartirles mi preocupación sobre la creación, en este momento del mundo y en este momento personal en el que me encuentro.

Desde pequeña, siempre sentí que el mundo real era una imposibilidad, y lo único que me hacía bien era irme a la cama y rezar, rezarle a un dios inexistente. Le pedía que a cambio de dar todo de mí, me pudiera dar un don para darle algo importante al mundo.

Mi acceso al arte fue a través de la danza gracias a mi madre. Y el resto fue la fe en algo inexistente. En ese momento era dios porque no sabía que existía el arte. Mi delirio de creer que yo podía darle algo importante al mundo, no me llevó más que a tomar medicación psiquiátrica. Ahora entiendo que lo más grande que le puedo dar al mundo es pretender poco y estar donde estoy. Agradecer quizás sea lo más grande que podemos hacer.

Hoy, a la vez que agradezco todo lo que me está pasando, también estoy en crisis. Es una crisis personal, pero que tiene que ver con la crisis de la época. La crisis es con respecto a la autorreferencialidad, el narcisismo. Estamos encerradxs en nosotrxs mismxs. Para hablar de este problema me parecía que lo primero que tenía que hacer es hacerme responsable de tirar la piedra y a la vez ser la puta apedreada.

Cuando decidí venirme a vivir a Madrid, lo pensé como una posibilidad de profesionalizar mi trabajo y tener más acceso al intercambio con otras artistas. Una de las primeras cosas que anoté en mi diario fue un fragmento de un poema del escritor chileno Roberto Bolaño que dice así:

«Este es el desierto. El lugar donde se hacen los poemas. Mi país».

Cuando te distancias de lo que creíste que era el problema, lo exterior, te das cuenta que el problema es interior.

Muchas tenemos la fantasía de pensar que fuera de nuestro país, o de nuestro territorio, o fuera de nosotras, todo podría ser mejor. O, por el contrario, la idea de la lucha de permanecer en un mismo territorio. Finalmente, todas son ideas, fantasías.

Al haber realizado la fantasía de salir de Argentina, me doy cuenta, o más bien confirmo que la lucha es ir en contra del romanticismo puesto en la idea, en lo desconocido, o en el futuro. Quizás el trabajo sea estar en lo sutil dentro de lo que hay. Finalmente, el arte es un espacio concreto donde exponer la lucha imposible de sostener la vida esté donde se esté.

Uno de los problemas de nuestro país es geográfico. Es muy difícil y costoso trasladarse de un territorio a otro, ya sea dentro de nuestro país o fuera. Por lo que el acceso al intercambio está limitado. Gracias a internet tenemos acceso a mucho, pero no llegamos a relacionarnos físicamente con personas de otros lugares, por lo que muchas veces pensamos que nuestra tragedia es la peor.

Como mujeres, personas no binarias, disidentes en general, a pesar de las grandes transformaciones que están logrando los feminismos, aún tenemos limitaciones. Hay espacios, festivales, residencias que nos están dando cada vez más lugar, pero nosotras todavía no nos damos lugar, nuestros cuerpos están mecanizados y condicionados por nuestra historia.

Mi madre era ama de casa. Salía dos veces por semana para ir su clase de danza. Para mí, era impensable que una mujer pudiera dedicar tiempo a la imaginación, a la escritura y mucho menos dedicarse profesionalmente a algo. Al igual que algunas de ustedes, empezamos este camino gracias al único acceso que teníamos, en mi caso gracias a la hegemónica danza.

«La historia de tu cuerpo acusa la historia política», dice Édouard Louis en la novela *Quién mató a mi padre*. Una novela autobiográfica que expone el problema de las clases sociales en Francia.

Con su exitosa escritura autobiográfica, el niño francés, gordo, gay y pobre Édouard Louis se convirtió en el niño mimado de Ostermeier y Milo Rau (entre otrxs).

En la misma novela Édouard Louis escribe:

> «No me da miedo repetirme porque lo que escribo, lo que digo, no responde a las exigencias de la literatura, sino a las de la necesidad y la urgencia, a las del fuego».

Hablando del fuego, tuve la oportunidad de dar algunos talleres acá en Europa y en algunos lugares me encontré pidiendo que trabajen con hambre, que piensen algún tipo de hambre, de ausencia, y me preguntaba dónde está el fuego acá.

Aprovecho para compartir un pequeño fragmento de Martin Caparrós, ya que viene al caso.

> «El fuego sobrevive en la pobreza, donde todavía es necesario; en la riqueza tiene un lugar nostálgico: aparece de

tanto en tanto en una vela o una chimenea o un asado, memorias de cómo eran esas cosas. Y la rara costumbre de meterse brasa en los pulmones languidece: fumar ya es cosa de perdedores sin remedio y la última razón para llevar una maquinita de hacer fuego fósforos, mecheros en el bolsillo también va cayendo en el olvido. Así estamos llegando al final de la etapa más larga de la historia humana: la Edad del Fuego se deshace en silencio, sin nadie que la llore como se merece. Si el fuego fue el mejor instrumento para doblegar la materia, una época donde la materia importa cada vez menos puede empezar a prescindir del fuego. Un cigarro mide diez minutos y es urgente, metáfora perfecta de lo efímeros que somos: se consume ante nuestros ojos implacable, se transforma tozudo, incontenible en sus cenizas. Un cigarro exige: hay que hacer con él lo que se pueda en esos diez minutos».

Quizás nuestro trabajo sea urgente, pero a la vez necesitamos tiempo y dedicación. Espero que la urgencia no nos robe el tiempo para escribir y para salir a mirar otras realidades.

Creo que uno de los lugares más comunes de los biodramas, y el que menos me atrae es cuando el «yo» se presenta como héroe o victimario.

Sinceramente, yo no sé cómo lograr salir de esos lugares, pero creo que hay que cuestionarlo, desmenuzarlo, ponerlo sobre la mesa para pensar.

En este momento, me pregunto: de qué voy a hablar en la próxima creación y cómo la voy a desarrollar. Puede que sean las mismas preguntas que se están haciendo ustedes ahora mismo. Por eso estamos acá hoy.

Es muy importante este y aquellos espacios donde se trabaje en equipo y haya un intercambio, un acompañamiento, para sentir que ese abismo de la creación no es tan solitario, aunque en realidad si lo es. Ya que la creadora o el creador es quien va eligiendo y dando los pasos que componen la obra. La obra no es solamente el resultado de ese camino en cuanto al contenido, sino también es el resultado de la forma en la que se trabaja. Ya que la producción, las relaciones humanas y el contenido van de la mano como una tríada.

Las certezas llegan con el tiempo, y el camino es incontrolable. Mi intención de compartirles esto es para que puedan sentirse en calma si en algún momento esos abismos abundan, porque son parte.

Si vamos a trabajar desde un lugar autorreferencial pienso que como primer paso es necesario distanciarnos. Trabajar el distanciamiento sobre una misma, y a la vez, un distanciamiento con respecto a la obra. Observar a otras personas, observarnos desde afuera. Y escuchar. Escuchar el movimiento que pide la obra. Muchas veces estamos rígidas ante la obra y no vemos. Lo mejor que podemos hacer es acompañar esos zigzagueos. «Tener cintura» como se dice, para acompañar los desvíos y accidentes que la obra misma va produciendo. Escuchar sus pausas, sus silencios, y escuchar cuando hay que avanzar a toda velocidad para que el avión levante vuelo. Por eso es muy importante el orden para que esas bifurcaciones no se conviertan en un abandono, sino en modos de reorganizar. Quizás la escucha sea una manera de salir de lo personal, conectarse más con la obra que con una misma. La mayoría de las veces la construcción es incomoda y dolorosa.

También puede ser una estrategia, leer y ver diferentes cosas que no tengan nada que ver con lo que estamos trabajando, inclusive observar la vida ordinaria. Cuando una está en un proceso creativo se vuelve una esponja y todo lo que sucede es información, desorientación y camino.

Otra acción que podría ayudar en la creación es armarse un método propio. Hacer de ese método una práctica constante. Armar una rutina y mantener una práctica de ese método inventado por ustedes. Por ejemplo: hacer una comida, salir a correr todos los días, perder tiempo, llorar, llenar botellas con lágrimas, escribir en un diario, leer todos los días, o lo que sea para ustedes necesario. Preguntarse qué tipo de prácticas necesitamos para cada momento, para transformar hábitos que queremos modificar, para entrar en lo desconocido que es la obra. La creación no es más que un ejercicio de insistencia. Solo se trata de insistir, insistir. Insistir.

Por otro lado, quiero hablar de la honestidad, y cuando digo «honestidad» no me refiero a ser fieles a los hechos, más bien todo lo contrario. Nos mentimos a nosotras mismas casi todo el tiempo. Cuando hablo de honestidad, me refiero a hacernos preguntas y tratar de despejar todo lo que está de más: los autoengaños, los parches, intentar enfrentarnos con nuestros monstruos horripilantes. Ese trabajo quizás sea un poco invisible, pero el tiempo vuelve visible lo que está escondido. Quizás nuestra obra entre en la misma bolsa de la plaga de obras autorreferenciales que ya dan ganas de vomitar, pero algo de ese trabajo va a tener efecto en nosotros como personas. Para mí, un artista no es alguien que hace grandes obras, sino una persona que camina a contra pelo con un poco de humanidad.

En estas épocas que vivimos donde tenemos acceso a todo, pero a la vez a nada, es imposible conocer todos los autores, ver todas las obras, conocer a todos los artistas. Es importante tener la mirada abierta para que lleguen esos artistas, esos libros que nos inspiran, pero tener cuidado con perderse en el acceso. O perderse en otro por admiración.

Con eso me refiero a intentar una fidelidad con el material, con una misma. Muchas veces tenemos varios caminos para tomar, o muchas ocurrencias. Hay un momento de acopio, de acumulación y otro de selección. En el momento de selección es importante bajar las pretensiones y despejar. Elegir y profundizar en las sutilezas para descubrir la singularidad del material. El camino es lento, es prueba y error en loop. Hasta que un día llega casi sin darnos cuenta, esa claridad de que la obra es eso. Deforme o invalida. Nuestra hija. La obra.

Para que llegue ese día es necesario el trabajo constante, la dedicación en el contexto en el que estemos: con el dólar a 300, con la tristeza del desarraigo, con el dolor de un duelo, con el aburrimiento de la monotonía. Desde lo que nos pase, continuar, pausar, retomar, volver, escribir, leer, editarse, reeditarse, rendirse, citar, admirar, deformar, seleccionar, cuestionar, repetirse, buscarse, morir, resucitar.

Tillie Olsen fue una escritora estadounidense, «una de las primeras escritoras feministas que dio voz a la clase obrera americana». Ella dijo: «Sin lenguaje, el grito ahogado se transforma en mutilación».

Uno de los pocos ensayos que escribió se llama *Silencios*, donde habla de la invisibilización a la que se ven forzadas las escritoras y escritores por su clase social, género o color de piel.

En 1971, Tillie Olsen en una conferencia dijo que en ese momento había una escritora por cada doce escritores masculinos.

En ese libro cuenta que Rilke, quien escribió uno de los libros que marcaron mi juventud, *Cartas a un joven poeta*, en su vida privada había abandonado a su mujer y a su hija para escribir, y al casamiento de su hija no fue para quedarse escribiendo. Muchos escritores que admiramos vienen de situaciones de privilegio o han hecho este tipo de acciones. ¿Cómo debe haberse sentido la hija de Rilke esa noche de su boda? ¿Qué habrá hecho con su voz esa noche?

Me pregunto cómo crear en nuestros contextos sudamericanos, donde la desesperación y la urgencia son moneda corriente y devaluada. Cada vez hay menos tiempo para la creación, ya que le tenemos que dedicar tiempo a la supervivencia. No podemos apartarnos del mundo para escribir o hacer, nuestro trabajo es incluirnos, intentar mirar lo ordinario con ojos extraordinarios. Hacer con lo que tenemos para que el grito ahogado no se vuelva mutilación, sino más bien todo lo contrario. Un lugar donde se pueda respirar.

Sylvia Plath escribió:

«Me levantaba a las cuatro de la mañana, en esa hora azul, casi eterna, anterior al llanto del Bebé. Después de largos y agotadores días atendiendo, cuidando, limpiando, lavando, alimentando, comprando, alegrando, saliendo y siendo una herramienta o arma muy eficiente disponible en todo momento y a demanda. De noche [ya no puedo] escribir. Estoy tan reventada que solo soy capaz de escuchar un poco de música con una copa de brandi con agua. El humo de la cocina, el humo del infierno flota en mi cabeza».

Aunque ese contexto le quitara la vida, y no le quedaban fuerzas ni tiempo, nadie podía detener el chorro sangriento de la poesía, a esa hora azul anterior al llanto del bebé ella se levantaba y se ponía a escribir. El mismo chorro sangriento que la llevaba a escribir, fue la que la llevó al suicidio. El silencio de la cocina en la hora azul fue su refugio y su propia condena de muerte. El 11 de febrero de 1963 puso su cabeza en el horno con la llave de gas encendida y murió dejando el desayuno preparado para sus dos hijos pequeños que estaban en su casa.

Hace poco, hablando de la última obra: Love me, con un periodista de Madrid, le dije que quizás El amor sea «sostener al cuerpo en su presencia y en su ausencia». Me quede pensando en que esa es la creación, sostener el cuerpo en todos sus contextos. El cuerpo es la obra.

Para terminar, voy a leer un poema de Irene Gruss, poeta argentina.

PERO EL ARTE

Lo bueno y lo malo que he perdido no ha sido arte
sino malentendidos: no saber oír, trastabillarme;
raro cansancio hacía que diera cosas
por sentado: el abrazo;
hasta un puré era algo tan elaborado que evité pelar papas,
ya fuera por bueno,
o malo, sin arte alguna, me equivocaba.
Tarde descubrí que el errar,
el perderse,
podían ser lo mismo, un oficio extravagante. Pero el arte,
ah, el arte, no es oficio
sino servir un simple puré de papas, ni muy caliente ni tibio.

8) Mamerto López

Madrid, 2022
Carta a Pablo

«Mamerto López» es el título de esta carta que escribo en una noche de calor en Madrid. Así se llama la calle del fondo que da al borde de mi habitación.

Hoy me acompañó un enano hasta el altar de una ceremonia de muerte, mientras mis manos se ensangrentaban bebíamos el cáliz de mi sangre con una carrot cake.

Por estar mi alma enterrada pensando en lo que había perdido no disfruté de la crema ni del jengibre en la boca. Sentí que tu corazón estaba en otra orilla del mundo, mezclando tu aliento un día cualquiera que no fuera el de los muertos. Porque en esa fiesta, en la de los muertos, la pasamos juntos. En nuestra vida de muertos las velas se encendían mientras caminábamos de la mano por las calles de tierra. En ese día estábamos solos, vos y yo solos con las arañas en nuestras cabezas.

Iba yo ensimismada con el fantasma de tu presencia, con tu sangre adentro de mi sangre licuándose. Quería que me cortaras la cabeza, pero antes que me hagas el amor mirándome a los ojos con un romanticismo exagerado, como en un sketch de televisión, pero que en el medio de las cámaras y de las risas grabadas se filtrara un disparo. Así era nuestro amor: un infierno y un sketch.

Miré de arriba hacia abajo con los ojos de Edipo a punto de arrancármelos para quedarme ciega. Todo lo que se mira de verdad se vuelve mortal. Te miré durante nueve meses deseando tenerte 50 años. El deseo de sostenerte fue un temblor. De esos que dan vuelta la casa, tiran todos los libros y mueven las paredes.

Me siento reventada. Siento el cuerpo partido en dos. Como si el lado izquierdo fuera mi cuerpo y el derecho fuese mi alma. Con pasos cortos llegué a mi cama, me tiré para reposar mi cuerpo sobre otra cosa que no sean mis propios hombros. No le pedí a nadie que me sostuviera, estoy sola. Estaré sola. En el barrio donde vivo tiran cosas. Con esos restos viviríamos millones en nuestros países, en el tuyo, en el mío. La desesperación nos une. La historia de nuestro cuerpo es la historia de nuestro continente.

Perdoname. Perdoname por amarte tanto, tanto que he llegado hasta el odio. Porque amarte fue deshacerme. Formamos una pequeña familia en el corredor de la muerte.

Una vez sufrido el terror de la caída libre, quedamos a solas, unidos por un cordón umbilical a las mismas pesadillas.

Quiero salir de Madrid a buscarte, quiero pedirte que me metas todo tu semen para parir un monstruo. Un monstruo tuyo y mío, al que no pueda amar tanto como a ti. Un niño hermoso con tus ojos, pero tan niño que no pueda amarlo y que tenga que asesinarlo. Porque yo te amo a vos viejo, pelado, vestido de mí, vestido de ángel, vestido de enano. Te amo tanto que sería capaz de matar a nuestro hijo herido, prefiero amarte a vos que a mí misma.

Cuando cogíamos y te pedía que me hagas cualquier cosa, lo que hacía, era suplicarte que me mates a golpes, que yo no pudiera decirte «hasta acá» porque mi entrega era absoluta. Mi entrega era mi pérdida. Fue un amor incapaz de amarme a mí misma. Fue un amor capaz de odiar, capaz de matar. Fue un amor terrible que empezó en una cueva y terminó en Mamerto López.

KILL ME

Escrita entre 2022 y 2024.

Video y voz en off de Marina

Eso que ven son imágenes de mi celular. Las filmé todas en 2022.

Van a ver que el archivo vuelve a ser autorreferencial. Qué voy a hacer si estreno una obra cada tres años, que es el tiempo que necesito para que me pasen cosas que le interesen a alguien más que a mí.

Estaba entrando en el cliché de la crisis de los 40 y quería hacer una obra nueva, entonces empecé a filmar todo con mi celular.

Por primera vez en la vida me estaba yendo bien. Se había terminado al fin la pobreza que me había acompañado toda la vida.

Me había puesto de novia y estaba girando por el mundo.

Aparentemente todo funcionaba a la perfección.

Video pileta.

Eso que ven ahí es en un hotel en Menorca.

Video músico.

Esta otra es de un músico en Cerdeña. No había ido nadie a verlo.

Video VHS, Marina niña jugando con un arma.

Y esta soy yo a mis 9 años. La encontré entre mis archivos y por coincidencia la sumé.

Video Marina se ducha con un arma.

El que filma esta escena es mi novio de ese momento. En la ficción vamos a llamarlo Pablo.

Al principio filmábamos para divertirnos, pero con el tiempo, registrar se convirtió en una actividad para escapar de la asfixia que me provocaba la relación. Había algo que me iba acortando la exhalación hasta respirar en apnea.

Para salir del malestar, empecé a crear a la protagonista de mi próxima obra, una mujer fuerte, una especie de vengadora sexi con los músculos de Sarah Connor.

Sentí que esa Marina de ficción me podía salvar de la Marina real.

Con la cámara en mano me iba inventando la vida que quería, pensando que así me alejaría de la reiterativa batalla con los pensamientos tóxicos.

Video baila en una fiesta.

Esos días no podía dormir, estaba pendiente de Pablo, celosa por cualquier cosa.

Celosa del aire, del espacio, de todo lo que merecía su atención que no fuera yo.

Tenía ganas de consumirlo, de inhalarlo como la neblina que a veces cubre la ciudad hasta hacerla desaparecer.

Me filmaba para dejar rastro de mi apariencia. En medio de la fiesta estaba muerta.

Video le dispara a los Pablos.

Pensé que la única forma de salvarme era entrenando todo el día para hacerme cada vez más fuerte. Mi objetivo era llegar a ser como Sarah Connor, quien da a luz al salvador de la humanidad. Lejos estaba de querer tener hijos, pero me imaginaba dando a luz una obra que me salvara a mí misma de mi propia realidad. La ficción, una vez más, sacándome del pozo.

El imaginario de Sarah Connor me iba a ayudar a ocultar a la verdadera Marina. Porque en el siglo 21 mi corazón vintage es muy poco redituable. Nadie iba a querer poner un peso para ver una biopic de una mujer dependiente de un tipo.

Video canta en el espejo.

Este tema lo escuché mil veces.

Cuanto mejor me iba, más paranoica me ponía. Vivía con náuseas y ganas de llorar. Quería que el tiempo pasara rápido, pero en vez de eso, se paralizaba y pensaba que se iban a cancelar las giras y que Pablo me iba a dejar.

Video llanto en la cama.

Cuando… me siento sola en la mesa, me siento muy triste.

Tan triste que quiero llorar y empiezo a comer. Y empiezo a comer.

Y me sentí tan triste.
Soy una persona muy dependiente.
Vivo dependiente de... si me quieren o no me quieren...
y me la paso llorando.
Y... siempre estoy triste.
No sé a quién le puede interesar estos videos.
Es que me voy a morir muy joven.
Esquemevoyamorirmuyjoven.
Esquemevoyamorirmuyjoven.

Voz en off.

Con el tiempo empecé a ponerme muy mal hasta que colapsé.

Video crisis, conversación con Pablo.

MARINA:
Te puedo pedir que me cuentes qué pasó.

PABLO:
Pará. Dejá de filmar.
¿Cómo, qué pasó?

MARINA:
¿Cómo llegué a la situación que...?
Esa situación.
No me acuerdo.

PABLO:
Pero yo tampoco lo entiendo.
¿Qué quieres que te diga?

MARINA:
    ¿Cómo fue?

PABLO:
    ¿Desde que llegamos?

MARINA:
    Sí.

PABLO:
    Llegamos del bar.
    ¿De eso te acuerdas?

MARINA:
    Sí.

PABLO:
    Nos fuimos a lavar los dientes. Tú te quedaste en el baño.
    Luego te fui a tocar, te pregunté si estabas bien
        Me dijiste que sí, saliste, te acostaste. Y luego yo te abracé.
    ¿Te acuerdas de eso?

MARINA:
    Sí

PABLO:
    Te paraste… te pusiste a caminar.
    Te fuiste para allá y te empezaste a pegar con la pared.

MARINA:
    Y ahí me agarraste.

PABLO:
Sí. Te agarré, te senté.

MARINA:
Pero no me agarraste tranquila. Me agarraste fuerte.

PABLO:
¿Cómo?

MARINA:
Que me agarraste fuerte.

PABLO:
Te agarré para que te dejaras de pegar.

MARINA:
Bueno, pero me agarraste fuerte.

PABLO:
¿Me estás reclamando que te agarré?

MARINA:
No, no te estoy reclamando. Te estoy diciendo que… que me agarraste.

PABLO:
Te agarre para que te dejaras de golpear la cabeza con la pared. Te tenía que agarrar. Te agarré.
Normal para la situación.

MARINA:
Pero algo pasó.

PABLO:

No tengo idea de qué te pasa. Yo no sé qué te pasa. Yo no entiendo qué te pasa.

Video de flores con arma y voz en off.

Esos episodios se repitieron hasta que tuve un encuentro con un psiquiatra que me diagnosticó trastorno límite de la personalidad, TLP, y me empezaron a medicar. Los síntomas son miedo intenso al abandono real o imaginario, cambios rápidos de identidad y pérdida de contacto con la realidad.

Suena peligroso, pero es muy común. Hay muchos famosos que tienen TLP. Por ejemplo: Lady Di, Marilyn Monroe, Kurt Cobain y Pity Álvarez (entre otros).

Video intervención de fotos con liquid paper.

Un año después del diagnóstico sucedió lo que tanto temía. Pablo me dejó.

Esa relación fue como un Carrefour: mi corazón abierto las 24 horas.

Me parecía imposible encontrar a una persona más narcisista que yo, hasta que lo conocí a él.

Era encantador en público, pero en la intimidad, hiriente.

Fingía con las personas que le interesaban.

Pero cuando no le importaban era una momia.

Muchas veces nos juntábamos con amigos míos que no se dedican al arte y él se quedaba callado.

Necesitaba demostrar cosas constantemente para rebajarme y hacerme sentir inferior.

Mentía todo el tiempo.

No distinguía ni sus propias mentiras.

Se hacía el sensible, pero no se le caía una lágrima por nadie, por nada.

Era un hielo.

Seducía. Seducía y todos le creían.

Yo creía que era bueno, pero era un monstruo de mil rostros.

Se había operado la cara y cambiado el nombre porque decía que quería ser otro.

Más hegemónico que el anterior seguía siendo un soberbio y un egoísta.

Lo único que le importaba eran sus viajes, sus videos, sus obras y sus borracheras.

Todo en él era manipulación para conseguir lo que quería.

Su amor era un simulacro para su propia vanidad.

Y cuando no conseguía lo que quería te dejaba.

Nunca me decía lo que sentía, pero tenía una habitación llena de cuadernos Moleskine de tapa dura separados por fechas.

Una vez me encerré en el baño a leerle su diario y, además de enterarme de encuentros sexuales con otras mujeres, lo que más me impresionó fue una frase que decía que yo le calentaba pero que mi coeficiente intelectual era muy inferior al de él.

Ese día cerré el diario y, como si me hubieran borrado el recuerdo con Liquid Paper, seguí dos años más.

Viví la relación con latidos permanentes atendiendo el consumo de una amenaza, hasta que un día cerró la puerta de mi casa, se fue a un hotel y yo estallé en pedacitos de amor propio.

Video tumba de Nijinsky.

A los días, empastillada y reventada, me fui de gira a París. Una tarde fui de visita al cementerio de Montmartre y en medio de esa llanura de muertos, pensé que lo único que podía salvarme era hacer una obra sobre la locura por amor. ¿Hay algo más cliché que eso? Dicho así iba a ser muy poco vendible para la agenda inclusiva del mercado del arte, entonces lo presenté a varios teatros como un proyecto sobre «salud mental».

Video audición.

Cuando volví a Madrid, armé una convocatoria de bailarinas que tuvieran alguna relación con los trastornos de la personalidad, hice una audición y de ese grupo elegí a cinco.

Dos bailarinas con TLP, una bailarina que es hija de psicoanalistas lacanianos, y una cantante bipolar.

Y a lo último se sumó Nijinsky, quien fue diagnosticado con esquizofrenia en 1919.

Video escaleras con arma.

Lo que sigue es el resultado de siete meses de ensayo con este grupo de trastornadas.

Todas nosotras fuimos marcadas por la clasificación psiquiátrica de trastorno límite de la personalidad, trastorno bipolar y esquizofrenia. Ahora mismo nos encontramos en un frágil equilibrio sostenido por la medicación y la posibilidad de hacer esta obra.

Junto con la venta de armas, la industria farmacológica es uno de los negocios más redituables. Nuestra locura hace que el negocio funcione.

El DSM es el manual para el diagnóstico de los trastornos mentales. Quienes tenemos diagnóstico podemos dormir tranquilas ya que encontramos la pastillita para encajar en el mundo.

Con ustedes, las DSM.

Se corta el video y comienza la obra con una escena coreográfica con armas.

NIJINSKY:
    Con Dios, con el Dios, Soy Dios, a través de Dios, Nijinsky el Dios.
    ¿Tenés fuego?

Le tengo miedo a la gente, porque quieren que lleve el mismo tipo de vida que ellos. Quieren que baile cosas alegres. Odio la alegría y a las personas que son felices. Las personas felices son hipócritas. Se hacen los buenos, pero puertas adentro son unos egoístas. Yo no soy feliz. Pero no miento. Prefiero sufrir y vivir en la verdad, antes que mentir y ser feliz.

Yo sé lo que es la pobreza, sé lo que es no tener para comer, a mí no me lo cuenten, yo lo viví. ¿Saben lo que quiero hacer? Tengo ganas de construir un puente entre Europa y América. Quiero ir a bailar a América, quiero juntar mucho dinero para dárselo a los pobres.

¡Este es un cuerpo de una persona que no tuvo para comer! Pueden tomar y beber todos de él.

Está todo fuera de foco. Las imágenes que tenemos están mal. La imagen del pobre, negro, oscuro, opaco, feo, sin dientes. Mírenme. Piel blanca, tersa. ¿Y qué? ¿Por eso no puedo ser pobre? Hasta en eso me tengo que sentir discriminado.

Soy un canal que comunica la pobreza. Soy un pobre ser que habla de lo pobre del ser humano. Soy un ser pobre y un pobre ser.

Abrazo la pobreza. Porque es lo que me convirtió en lo que soy. No tuve ni leche materna, a mi mamá no le salía leche de las tetas. Y acá estoy. Sin esfuerzos. Nijinsky, el dios de la danza.

En 1911 estrené *Petrushka* con los Ballets Rusos. Con coreografía de Fokine y música de Stravinski.

Se los voy a bailar.

Escena coreográfica con música en vivo.

Voz Marina:

Sobre coreografía de Nijinsky.

Cuando me recibí de la escuela de danza, una profesora me regaló las memorias de Nijisnky. Lo leí en una tarde y me propuse hacer algo con eso.

Me ponía la música de sus obras, bailaba en el living de mi casa, leía sus memorias en voz alta como si mi voz fuera la de él.

Cuando regresé a París con la obra *Love me* (la obra anterior), volví al cementerio de Montmartre a visitar la tumba de Nijinski. Apoyé una flor de narciso sobre su tumba, encendí una vela, hice un conjuro, abrí mi diario y empecé a escribir como si Nijinski reencarnara en mi cuerpo.

Toda esta escena fue escrita ese día sobre su tumba.

NIJINSKY:

En 1919 me diagnosticaron esquizofrenia y me encerraron en un manicomio. Un lugar horrible, mugriento, sin gas. Me hicieron electroshock tantas veces que me quebraron la mandíbula.

En el manicomio éramos soledades rodeadas de otras soledades. Soledades con mandíbulas rotas, soledades con corazones rotos. Soledades rodeadas de humo. Éramos casi invisibles, fumábamos para desaparecer.

Morí en una clínica de Londres en 1950. Morí como Jesús. Resucité en el 2024. Yo tardé un poquito más.

Volví para quedarme. Nijinsky, el dios de la danza.

Y ahora tengo muchos más poderes que antes. Antes era un loco revolucionario, ahora vengo a mostrarme como soy.

La diferencia entre un loco y un genio. Yo.

Tenía un deseo tan grande de estar acá hoy. De volver a los escenarios y bailar *Petrushka* después de 100 años.

Soy el dios Nijinsky. Conmigo nació la danza moderna, después la contemporánea, y de ahí todas esas mixturas: el Release, el Flying Low y su puta madre…

Bailen como hay que bailar.

Amen como hay que amar.

No inventemos que porque me falta un pie tengo que hacer una cosa rara e invento el «no foot». ¡No! Se baila como se baila.

Termino el puchito y me voy.

Esto es lo que soy. Volví para agitar, soy el profeta de la danza.

Quiero destruir todo, y desde las ruinas volver a construir.

Yo venía a buscar el ruido. El ruido de las cosas que caen, de las construcciones que se rompen para volver a armarlas. Pero necesito ese ruido para después poder disfrutar del silencio.

Así no. El silencio generado por el miedo no lo quiero.

Soy el nuevo líder. Soy el dios Nijinsky del siglo veintiuno.

Yo sé que lo que digo a mucha gente le molesta, a mí no me importa. No quiero mentir, no soy hipócrita. Podría decir cosas que les caiga bien a todo el mundo, no me interesa, quiero que me vean como soy.

Amo a la gente. Sé que nadie me ama. Ustedes no me aman. Piensan que soy un enfermo. Yo no soy un enfermo. Mi locura es el amor en exceso. Soy un loco que ama demasiado.

A veces tengo ganas de agarrar a Kira, mi hija y cogérmela. Yo sé que se llenan de espanto, pero prefiero decirlo antes que callar. No me detendré ante nada. Haré el amor con mi hija. Después me encerrarán en un manicomio otra vez, pero me da igual.

Le pediré a mi hija que me dispare. Me apuntará temblando, apretará el gatillo y pun.

Sollozare como Cristo en el monte Sinaí.

Resucitaré en el santo sepulcro rodeado de sábanas blancas y viviré para siempre con Dios.

Me voy.

MARINA:

Después de escribir varias páginas encarnando a Nijinsky, probé volver a ser Marina, pero la de antes, la del pelo naranja. Cerré mi diario, apreté la flor del narciso contra mi pecho y me paré lentamente como si no me pudiera mover.

Convencida de ser Sarah Connor volví trotando al hotel y me encerré en la habitación a entrenar cómo disparar. Esa noche puse el Narciso en el vaso de la pasta dental y me lavé los dientes acelerada como cuando vivía en Argentina y daba mil clases para llegar a fin de mes. Me acosté en la cama y lloré y lloré como cuando se fue Pablo. Hasta que me quedé dormida con la boca abierta mientras se me chorreaba la saliva por la comisura. Me desperté eurocentrista con ganas de pedir un crédito en el banco y comprarme una casa, y al caer la noche salí a caminar con cara de trola, deseando cortarles la pija a todos los narcisistas y mearles en la boca.

Cuando volví al hotel, el narciso se había caído hacia abajo, como si intentara mirarse a sí mismo sobre el charquito podrido con restos de pasta dental.

Esa semana fui todos los días una Marina diferente.

Escena coreográfica.

ANA:

Yo pienso mucho en el suicidio. A veces estoy en mi habitación, me viene el vacío, me viene todo. Tengo la ventana delante y digo: ya está, que vamos a andar con tonterías. Vivir para levantarme, coger el auto para ir a trabajar, para pagar el alquiler, para ir a comer con mi pareja, para pelearme, para reconciliarme, para volver a levantarme, para volver coger el coche, para volver a ensayar, para volver a dormir y volver a empezar todo de nuevo. Mejor acabar con pavadas y dar un salto de verdad, no las gilipolleces que hago en los ensayos. Hacer un Grand Jeté, cruzar esa ventana y acabar con todo de una buena vez. Porque no tengo una visión de futuro. Hay gente que se ve, es que yo no me veo. Pero increíblemente he llegado a los 47 años.

Como no tengo el valor de tirarme por la ventana de mi piso o de pegarme un tiro. No tengo valor. Pues entonces espero que algo de afuera me lo provoque. Una enfermedad, un accidente Cuando agarro el coche y vuelvo a Zaragoza donde vivo, voy subiendo la velocidad y espero que el viento me apague. Pero tengo tanta intensidad que ni el viento a 200 kilómetros por hora me puede apagar. Por eso bailo, para poder caer y sentir el vacío.

El tema *Candle in the Wind* fue compuesto en 1973 por Elton John y Bernie Taupin, dedicado a Marilyn Monroe, quien se suicidó (o eso dicen) a sus 36 años a causa de ingestión masiva de pentobarbital, recetado para trastornos nerviosos e insomnio.

En 1997 murió Lady Di también a sus 36 años en un dudoso accidente de coche. Y en el funeral Elton John interpretó al piano la misma canción dedicándosela a ella.

Marilyn Monroe y Lady Di padecían el mismo trastorno de la personalidad, TLP. Lo mismo que tengo yo (y varias de aquí).

La canción dice: «Me parece que has vivido como una vela en el viento». Habla de los excesos. De esas vidas atormentadas, que no saben vivir en una estabilidad. La energía con la cual se comunican con la gente es la misma que usan para aniquilarse. Se sienten solas y padecen un terrible miedo al abandono. En general mueren jóvenes, porque no soportan el paso del tiempo.

Y ahora está en el guion que lo baile. Qué tema de mierda para bailar.

Escena coreográfica.

Elton John, ni siquiera fuiste capaz de componerle una puta canción a Lady Di. Tuviste que usar la de Marilyn y tocar el mismo tema de mierda en su funeral.

Baila.

Ya que se lo dedicaste a todas las TLP suicidas, ¿por qué no me lo dedicas a mí? Porque soy una puta bailarina de danza contemporánea que no conoce nadie. Miren cómo bailo, no seré famosa como Marilyn pero miren lo sexi que soy.

Dentro del eje. *(Baila.)* Fuera del eje. *(Baila.)*

En el eje. *(Baila.)* Fuera de eje. *(Baila.)*

En el eje. *(Baila.)* Fuera de eje. *(Baila.)*

Tu pará de girar ya, que me pones nerviosa. En vez de esas alas por qué no te pones un disfraz de vela en el viento. Qué letra de mierda. ¿Más cursi no pudiste ser?

Me cago en Marylin Monroe, en Lady Di y en todos los TLP. Elton John me podés comer el coño. Mirá cómo bailo tu tema.

Subime el volumen.

Escena coreográfica.

JOSEFINA:
«Amar es dar lo que no se tiene». Lacan.
«Es preciso explicar el amor. Lo primero que aparece al alcance de la mano es explicarlo por una especie de locura». Otra de Lacan
Mis padres son psicoanalistas lacanianos. Los dos son médicos y mi madre además es psiquiatra.
Cuando empezamos los ensayos de esta obra Marina nos propuso hacer una serie de entrevistas para poder escribir los textos que estamos diciendo ahora. En una de esas entrevistas le conté que me sentía desencajada porque la relación más cercana que tengo con la «salud mental» es que soy hija de psicoanalistas. No padezco ningún trastorno mental, y soy la única del elenco que no pertenece al DSM.
Marina me dijo: «Quédate tranquila, por algo te elegí, ya le vamos a encontrar la vuelta».
Seguimos con los ensayos, pero no encontrábamos nada. Salvo el día que traje los patines, que me dijo: «Eso queda».
En argentina el verbo patinar es una expresión que se usa para referirse a que en una persona hay algo que no funciona bien.

Estábamos a un mes de estrenar, cuando recordé el día que conocí a Roberta, quien sufría esquizofrenia.

Una tarde lluviosa fui a acompañar a mi mamá al Moyano, el hospital psiquiátrico de mujeres en Buenos Aires. Y apenas entré por el patio del hospital, la vi. Estaba debajo de un árbol haciendo unos movimientos. Mi mamá la interrumpió, nos presentó y nos dijo:

«Se tienen que conocer. Las dos son bailarinas». Nos quedamos un rato a solas, Roberta me habló sobre los pasos de baile que estaba haciendo y me dijo que me los iba a mostrar, pero antes me tenía que contar un secreto. Me contó que desde chica escuchaba la voz de Marta Graham, y tenía que cumplir la misión de inventar una serie de movimientos para luego enseñarlos, y que se transmitieran de generación en generación. Que quienes bailaran esa coreografía iban a tener el poder de romperle el corazón a cualquier persona que la mirase.

Se paró frente a mí, cerró los ojos. Esperó un momento y empezó a bailar.

Mucho tiempo después, uno de los pasos que me mostró ese día empezó a circular en las redes sociales. Probablemente ustedes lo hayan visto más de una vez. Nunca supe si fue Roberta la que lo había inventado y lo había transmitido. O, si ella lo había copiado y con los años se había vuelto viral. O si esto es un invento para que yo tenga voz en esta obra.

El asunto es que años después usé ese paso en muchas de mis obras, sin recordar que me lo había mostrado Roberta por primera vez aquella tarde de lluvia en el hospital.

Fue en el proceso de esta obra que recordé esta historia.

No me enamoré de Roberta, pero algo de aquel delirio megalómano quedó en mi para siempre.

«Como todo amor, sólo es localizable en el campo del narcisismo: amar, es esencialmente querer ser amado», dice Lacan.

Bailar y enamorarse es lo mismo para mí. Lo doy todo y a
cambio de esa entrega quiero que me miren y espero amor.
  Lo que hicimos en este último mes de ensayos fue crear
una coreografía a partir de los movimientos de Roberta. Y
ahora la voy a bailar.

Escena coreográfica.

Josefina grita mientras hace movimientos.

Inhalo. Exhalo
  Te rompo el corazón.

Inhalo. Exhalo
  Me entrego

Me enamoro.
  Y me muero.

Nati:
  Detrás de mí. Detrás, chicas.
  Esto es así, bien obvio, cada una se para frente al micró-
fono y cuenta su historia. Es como un catálogo del DSM con
música y coreo para que sea más entretenido.
  Yo también soy TLP. Me diagnosticaron después de un
episodio que tuve por querer llamar la atención. Mi hermano
tiene Parkinson desde los 18 años, y desde que le diagnosticaron la enfermedad empezó a ser el objeto de atención de toda
mi familia. A mí no me daban bola, todo era por y para mi

hermano. Mientras que él era el centro de atención yo empecé a buscar amor desesperadamente en todo lo que hacía.

Quería bailar profesionalmente, pero no tenía el cuerpo de una bailarina clásica. Una vez una profesora me llamó a la oficina y me dijo: «Tu cuerpo tiene que cambiar». Ese día entendí que para «ser» tenía que no comer. Pero no podía apartar el deseo que me provocaba la comida, si hay algo que me sobraba era deseo. Mi problema era la sobra, entonces empecé a tener conductas compensatorias. Tenía atracones y después me provocaba vómitos, o me ponía a entrenar compulsivamente. Cuando comía no masticaba para no ver ni sentir la comida porque me daba culpa el tiempo, cuánto más tiempo pasaba mayor era la culpa. Me tragaba los pedazos del tiempo que no les robaba a mis padres. Me tragaba toda la atención que deseaba.

Lo mismo me pasaba con el sexo, iba a boliches y en el baño me cogía a cuatro o cinco tipos por noche sin condón. Y al otro día tomaba la pastillita del día después. Y con la danza lo mismo. Hacía cosas extremas sin entrar en calor. Así me hice cuatro esguinces, una fractura de fémur, una operación de rodillas y una hernia de disco. Me contagié HPV, sífilis y tuve un aborto.

El alivio que me produce el vómito y el sexo compulsivo es lo mismo que la catarsis teatral. Cuando estoy ahí improvisando siento mucha liberación, pero después me arrepiento. Esto que estoy diciendo, por ejemplo, me da culpa, porque a la función de hoy vinieron mis papás con mi hermano desde Argentina para verme.

Les pido perdón. Perdón, mamá.

Me da mucha vergüenza, pero más vergüenza me da bailar con un enano.

La escena que sigue la ensayé pensando en ustedes.

NIJINSKY:

Perdón, ¿lo dijiste por mí?

NATI:

Sí, vení, Niji.

NIJINSKY:

No, pero yo no soy enano. Soy bajito. Enano es otra cosa.
Un enano me llega por acá. Además, tienen la cabeza enorme…

Lo interrumpe Nati.

NATI:

¿Qué haces en concha? Andá a ponerte algo. Vos sos el varón.

NIJINSKY:

Sí, sí.

Hacen movimientos mientras Nati le da indicaciones a Nijinsky.

NATI:

Nos ponemos en el centro.
Vos detrás de mí, detrás de mí.

NIJINSKY:

Sí, sí.

NATI:

Camino con gracia. La mirada arriba.
Hacemos una reverencia.
Saludo.
No muestro la cola al palco.

Al otro lado lo mismo
Saludo.
Nos separamos y nos encontramos en el centro.
Nos cruzamos.
Vos detrás de mí, detrás de mí.

NIJINSKY:
Sí, sí.

NATI:
Arrodillate.
Voy a hacer un penché.

NIJINSKY:
Sí, sí.

NATI:
Lo importante es la pierna.
Hacé lo que quieras.
Sosteneme. Voy a hacer una pirouette.
Sosteneme.

NIJINSKY:
Sí, sí.

NATI:
No, me fui de eje.
Sosteneme bien.
No, no.
Haceme de barrita.
Vos quieto.
Bien, no sirve.

Anadate al suelo, panza arriba.
Hacete el muertito.
Ay no, no.
Se vienen los tours.
Vos doble porque sos hombre.
Dale Niji.

NIJINSKY:
Sí, sí.

NATI:
Ahora doble, rodilla al piso.
Vamos a hacer el pescadito.
Ponete ahí.
Agarrame la pierna.
Sonreí, sonreí.
Anda a la diagonal. Voy a hacer un fuera de eje.
Quedate ahí.
Voy de una.
Lo importante soy yo.
Ay, agarrame bien.
La luz a mí.
Acá.
No, no, no.
Vení. Sosteneme la pierna.
Promenade.

NIJINSKY:
¿Eh?

NATI:
Girame, girame.

Sosteneme ahí.

NIJINSKY:
¡Me caigo, me caigo!
Me caí

NATI:
No sirve.
Vamos todo con música.
Música.

Escena coreográfica con música en vivo.

MYRIAM:
Yo soy cantante porque mi amor más directo fue a través de la música. Cuando era bebé mi mamá me dejaba sola en el departamento, y me ponía unos preludios de Bach de fondo para ir a buscar a mi papá que era adicto al juego. La madre de Edith Piaf la abandonó. Era alcohólica, y dejó la custodia de ella a su marido (también alcohólico) y a una abuela paterna.

Las dos somos francesas. Las dos nos criamos en el bajo Montmartre, las dos empezamos a cantar de chicas en las calles de París. Y las dos sufrimos trastorno bipolar.

Edith fue adicta a la morfina, y yo al litio. Cuando murió no se había descubierto la efectividad del litio para tratar este trastorno.

Las dos sufrimos tanto miedo al abandono que llegamos a desvivirnos por amor.

En 1949 Edith Piaf escribió la canción «L'Hymne à l'Amour» dedicada a su gran amor: el boxeador Marcel Cerdan. Varios meses después él se fue a boxear a Nueva York y a encontrarse con Edith. El viaje lo iba a hacer en barco, pero ella insistió en que se tomara el avión para llegar más rápido. Horas después, el avión se estrelló sobre las islas Azores y el boxeador murió en el accidente. Esa noche Edith Piaf decidió cantar igual.

Hace algunos años me obsesioné con «L'Hymne à l'Amour» y con otros temas de ella, hasta que empecé a hacer un concierto tributo a Piaf.

En esa época empecé a tomar litio.

El litio es un metal que se usa en el tratamiento de los trastornos del ánimo.

Además, es fundamental para producir baterías de teléfonos, placas solares y coches eléctricos.

Se extrae en general de las salinas por un proceso que implica la evaporación de millones de litros de agua en el desierto. Y esto perjudica el ambiente.

Las reservas más grandes del mundo las tiene Bolivia, Argentina y Chile. Por eso hay tantos intereses políticos sobre estos países sudamericanos.

Muchos estudios revelaron que las ciudades con mayor concentración de litio en el agua potable tienen tasas más bajas de suicidio y depresión.

Yo formo parte de los enfermos bipolares que responden bien al litio. Hace que mis subidones sean menos altos y mis bajones menos bajos, y tengo tanto miedo de mi estado natural que estoy dispuesta a tomar litio hasta el fin de mis días.

De ese metal depende mi vida, para poder relacionarme con las personas, para estar acá hoy. Pero ya no hay nadie que no sea dependiente del litio, porque todos tenemos un celular.

Si sacan el teléfono ahora, lo abren, le sacan la batería y se la chupan, van a ver que son más felices, disfrutan más la obra y aman mejor.

Escena coreográfica con música en vivo.

MARINA:

A las 11 de la mañana sonaba la alarma para tomar la pastillita de la negación, Fluoxetina de 20 mg, que hacía que se me dibujara la sonrisa más falsa. La pastillita de las 11 de la mañana, la de las 9 de la noche y la de las 10 sostenían el engaño. Todo el tiempo actuaba porque la locura no seduce. Nadie quiere a una depresiva cerca.

Usaba este cuerpo como objeto porque no lo sentía. Elegía no sentir porque sentía demasiado.

Perdón, ¿podés tocar otra cosa? Algo para llorar. ¿Bach? O algo así.

Era una máquina (como la película, *Terminator*). Vivía una vida que no sentía. Vivía, pero estaba muerta.

Recorría ciudades en trenes y aviones. Miraba por la ventana y dejaba que el tiempo pasara. Llegaba a los hoteles, desarmaba la valija, iba a la función, salía a escena, después a saludar, hacía todo eso como si me pasaran cosas, pero no sentía nada.

Le mentía a mi terapeuta, a mi psiquiatra para que me diera los químicos que me ayudaran a mentir mejor, les mentía a mis amigos, a la gente de los festivales, a todos.

Lo único que me hacía llorar era ver perritos ciegos o sin patas en YouTube. Ya no sabía si hacía obras por hacer. Mi salud mental estaba pulida, lisa, me habían inyectado bótox en el cerebro.

Pero ahora que estrené esta obra, mi psiquiatra puso en duda mi diagnóstico. Me bajaron la medicación y me van a hacer una serie de entrevistas para revisarlo.

Puede ser que tanto el diagnóstico como mi encuentro con Pablo hayan sido una gran ficción.

Al final todo lo que nos pasa en la vida es ficción.

En el momento atraviesan el cuerpo como si fueran la única verdad, pero después pasan, como las obras, como el tiempo.

Dejé todo por el teatro, abandoné mi país, no tengo hijos, perdí contacto con mis amigos porque prácticamente no estoy en ningún lado, viajo por el mundo, conozco mucha gente, pero con el diagnóstico que sea estoy sola. A veces sueño con tener una familia, un gatito o un perrito y llegar a casa y tener la comida lista. O salir con un Pablo que tenga una hija y hacerle trencitas en un atardecer, pero ya es tarde para eso, tengo cuarenta años y elegí esto: hacer una obra cada tres años más o menos para mantenerme viva en el mundo del teatro.

Había pensado terminar esta obra con una imagen: me ponía un arma en la sien, apretaba el gatillo y mi cuerpo caía al piso. Mientras se derramaba kétchup que simulaba ser sangre, un perro ciego entraba a escena a lamerlo y sonaba mi voz en off que decía: «Lo creíste. Creíste que la obra, Madrid, la investigación sobre tu vida, la terapia y las pastillas iban a liberarte. Pero el amor te mintió, seguís sin sanar y lo que había en vos de destruido continúa destruyendo. Matando vínculos uno tras otro. No hace falta pegarse un tiro para morir, otras como vos mueren bien vivas. No hay liberación. Vayas donde vayas, hagas lo que hagas, no te podés escapar. Hacer obras es la única manera de mantenerte viva. Estás condenada.

Estás condenada a sonreírles a los programadores de festivales para que pongan plata. Estás condenada a hacer obras más o menos entretenidas para que te quieran. Te armaste esta obra con otros suicidas porque tenés fobia a la gente y solo podés ser amiga de las personas con las que trabajás, que te aguantan y aceptan todas las boludeces que les propones. Metiste lo de mear en escena para recordar a tu país, donde meabas en cualquier lado. Y sentís culpa de vivir en Europa, porque sabés que un poco te mudaste por plata. Aunque simules que no te importa, soñás con cosas que te da el capitalismo, como comprarte una casa con un jardín lleno de narcisos.

Te inventaste tu muerte para poder resucitar en una versión mejorada, pero vas empeorando. Te corre el tiempo y eso significa que cada día te levantarás más vieja, frustrada y sola; porque ningún hombre se banca lo que sos. Te tienen miedo. Miedo de transformarse en otra víctima de tu obra. (Y no los culpo. Yo también me tendría miedo).

Hacés esta obra para escaparte, pero no podés. Estás condenada a volverte loca de amor para seguir produciendo. Sos una multinacional del dolor.

Pero a último momento saqué ese final y decidí terminar con esto mismo, sin voz en off, sin sangre, sin kétchup. Así, decir este texto mientras suena el piano y ellas hacen cosas a las que solo nosotras le encontramos sentido.

Listo. gracias.

Cuando andaba con Pablo estaba tan preocupada porque me quisiera que no pude prestarle atención a nada ni nadie más a mi alrededor. Cuando Pablo se fue, en medio de esa tristeza devastadora, pude ver a los demás. Recién a mis cuarenta años entendí que el amor era esto Estar acá o en cualquier lado haciendo cosas chiquitas. Re cursi.

En un ratito se va a apagar la luz, saldremos a saludar, después comeremos algo afuera. Llegaré al hotel medio reventada, me tiraré en la cama, miraré de reojo el frasco de pastillas y cerraré los ojos.

Eso es todo. Esta es la obra.

Música.

Escena coreográfica.

Agradecimientos

Estos textos no existirían si no fuera por las personas que me han acompañaron en cada uno de estos procesos.

Gracias a su confianza, su entrega, su talento y su amistad pude escribir estas páginas y llevar a cabo ambas obras, *Fuck me* y *Kill me*.

Augusto Chiappe
Juanfra López Bubica
Julián Rodríguez Rona
Fred Raposo
Matías Rebossio
Miguel Valdivieso
Cristian Vega
Ana Cotoré
Florencia de Mugica
Josefina Gorostiza
Lucrecia Pierpaoli
Natalia Lopéz Godoy
Mariano de Mendonça
Martín Flores Cárdenas
Myriam Henne-Adda
Tomás Pozzi

Tampoco existirían estos textos si no existiera Angélica Liddell. Le robo porque escribe mucho mejor que yo. Ella es la reina. Yo la gauchita del off.

Esta primera edición de *Fuck me / Kill me*
de Marina Otero
terminó de imprimirse el 18 de junio de 2024,
día internacional para contrarrestar el discurso de odio,
día mundial contra la incineración,
día mundial del orgullo autista,
día internacional del sushi y del falafel,
día internacional del pícnic.
Y también el día en que se estrenó *Kill me* en
los Teatros del Canal en Madrid.